dtv

Suchen Sie nach Lösungen für zwischenmenschliche Konflikte? Nach Strategien für Beruf und Karriere? Oder nach Tipps für die Gesundheit und den Umgang mit Geld? Ein Buch gibt Antwort auf alle diese und viele weitere Fragen: die Bibel. Sie enthält einen einzigartigen Reichtum an menschlicher Erfahrung und Erkenntnis, und nichts von dem, was uns heute bewegt, ist ihr fremd. Iris Seidenstricker hat aus dem erfolgreichsten Bestseller aller Zeiten einen wahren Schatz an klugen, tröstenden, liebevollen und inspirierenden Ratschlägen zu den wichtigsten Lebensthemen zusammengestellt: Liebe und Partnerschaft, Glück und Unglück, Freunde und Feinde, Erfolg und Scheitern, Weisheit und Vertrauen. Wer sich darauf einlässt, diesen Schatz zu entdecken, wird feststellen, dass die Bibel nach wie vor hochaktuell ist und uns wertvolle Führung und Zuspruch in allen Lebenslagen schenken kann.

Iris Seidenstricker, geboren 1968, hat Germanistik, Philosophie und Pädagogik studiert und arbeitet heute als Presse- und Lizenzreferentin in einem Publikumsverlag.

Weisheiten der Bibel

Herausgegeben von
Iris Seidenstricker

Deutscher Taschenbuch Verlag

Originalausgabe
Januar 2006
© Deutscher Taschenbuch Verlag GmbH & Co. KG,
München
www.dtv.de
Das Werk ist urheberrechtlich geschützt.
Sämtliche, auch auszugsweise Verwertungen bleiben vorbehalten.
Umschlagkonzept: Balk & Brumshagen
Umschlagfoto: © mauritius images/CuboImages
Illustrationen: André Schirmer, Leipzig
Satz: Greiner & Reichel, Köln
Gesetzt aus der Bembo BQ von Berthold 9,25/12,25ʹ
Druck und Bindung: Druckerei C.H. Beck, Nördlingen
Gedruckt auf säurefreiem, chlorfrei gebleichtem Papier
Printed in Germany · ISBN 3-423-34270-6

Inhalt

Vorwort	7
Liebe	11
Vertrauen	20
Freundschaft	27
Gesundheit	32
Essen und Trinken	39
Arbeit	44
Geld	62
Lebensglück	70
Trost	77
Gebet	85
Weisheit	88
Mensch und Schöpfer	99
Der Mensch und seine Mitmenschen	115
Die Macht des Wortes	126
Leben und Tod	132
Weisheiten für alle Fälle	142
Anmerkungen zu den Büchern der Bibel	153
Quellenangaben	159

Vorwort

… die Bibel ist ein ewig wirksames Buch, weil, solange die
Welt steht, niemand auftreten und sagen wird: Ich begreife es
im Ganzen und verstehe es im Einzelnen. Wir aber sagen bescheiden: Im Ganzen ist es ehrwürdig und im Einzelnen an-
wendbar.
Johann Wolfgang von Goethe

Auf die Frage nach seinem Lieblingsbuch antwortete Bertolt
Brecht »Sie werden lachen – die Bibel!«. Und nicht nur er! In der
ZDF-Aktion »Das große Lesen: Die Lieblingsbücher der Deutschen« wählten 250 000 Teilnehmer die *Bibel* auf den zweiten
Platz, unmittelbar nach dem *Herrn der Ringe*. Ein erstaunliches
Ergebnis. Denn obwohl 70 Prozent der Deutschen eine Bibel
besitzen, wird sie Umfragen zufolge kaum aufgeschlagen. Nur
wenige wissen, dass die Bibel die deutsche Sprache wesentlich
geprägt hat und sich alltägliche Redewendungen wie »Perlen vor
die Säue werfen«, »Jemanden unter seine Fittiche nehmen« oder
»Wer anderen eine Grube gräbt …« aus ihrem riesigen Fundus
an Bildern und Motiven entwickelt haben. Die *Heilige Schrift* ist
nicht nur das wichtigste Buch der deutschen Literatur, sie ist das
am meisten verbreitete Werk der Menschheitsgeschichte überhaupt. Seit 1815 wurden weltweit mehr als 2,5 Billiarden Bibeln
in rund 2300 Sprachen und Dialekten gedruckt. Aber auch wenn
der Mega-Seller in fast jedem deutschen Haushalt zu finden ist,
so bleibt die Bibel doch meistens ein »Buch mit sieben Siegeln«:
Man hat sie zwar, kennt sie aber nicht.

Ich selbst bin durch die Musik auf die Bibel aufmerksam geworden. In den Werken Bachs und anderer großer Komponisten, die aus der Bibel zitieren, verblüffte mich immer wieder, wie treffend Sprache und Bilder persönliche Gefühle und Lebenssituationen beschreiben. Neugierig geworden las ich verschiedene Stellen im Zusammenhang nach und entdeckte einen schier unerschöpflichen Schatz an tiefer Lebensweisheit, Verständnis, Kraft und Trost. Manche Textstellen faszinierten mich so sehr, dass ich sie aufschrieb und meine persönliche »Best-of-Bibel-Kollektion« anlegte. Eine Auswahl daraus habe ich in diesem Buch zusammengestellt.

»Das steht in der Bibel?«, staunten auch etliche meiner Bekannten beim Durchblättern des Manuskripts. Die modernen, teilweise provozierenden Gedanken, den Reichtum an Bildern und nicht zuletzt die vielen Alltagsweisheiten hatten sie darin nicht vermutet. So findet man in der *Heiligen Schrift* beispielsweise eine Kernaussage moderner Lebenshilfe- und Ratgeber-Literatur: »Mehr als auf alles andere achte auf deine Gedanken, denn sie bestimmen dein Leben.« (*Sprichwörter* 4,23) Den Zusammenhang zwischen Glück, Erfolg und der persönlichen Lebenseinstellung hat die *Bibel* bereits Jahrtausende vor der Psychologie erkannt. Daher empfahl sie den Menschen, sich keine Sorgen zu machen, »loszulassen« und die eigenen Wünsche zu formulieren. Idealerweise sollten sie fest an die Erfüllung ihrer Wünsche glauben und sich entsprechend zuversichtlich verhalten: »Gott vertrauen heißt: sich verlassen auf das, was man hofft, und fest mit dem rechnen, was man nicht sehen kann.« (*Hebräer* 11,1)

Das, was es aber eigentlich in der Bibel zu entdecken gibt, liegt hinter den äußerlichen Beschreibungen und Worten und kann nur von jedem Menschen selbst gefunden werden. Dieser Schatz wartet dort, wo man plötzlich von einer Geschichte gepackt, von einem Satz berührt wird und sich als Mensch in seiner aktuellen Lebenssituation verstanden fühlt. Als eines der ältesten schriftlichen Zeugnisse unserer Kultur antwortet die *Bibel* heute nach wie vor auf die zentralen und auch die persönlichsten Fragen des Lebens. Ihr einzigartiger Reichtum an menschlicher Erfahrung und Erkenntnis sowie die Berichte über Gottes Wirken und Gegenwart in der Welt lassen sie für jede Generation zu einem hochaktuellen Buch und zur lebendigen Lebenshilfe werden.

Iris Seidenstricker

Ich glaube, dass die Bibel allein die Antwort auf alle unsere Fragen ist und dass wir nur anhaltend und demütig zu fragen brauchen, um die Antwort von ihr zu bekommen.

Dietrich Bonhoeffer, 1906–1945,
deutscher evangelischer Theologe, der von den Nationalsozialisten im
Konzentrationslager Flossenbürg ermordet wurde.

Liebe

Alles, was ihr tut, soll von der Liebe bestimmt sein.
1. Korinther 16,14

~

Hass sucht Streit, Liebe sucht Verständigung.
Sprichwörter 10,12

~

Drei Dinge sind mir ein Geheimnis, und auch das vierte kann ich nicht erklären:
der Flug des Adlers am Himmel, das Gleiten der Schlangen über eine Felsplatte, die Fahrt des Schiffes auf weglosem Meer und die Liebe zwischen Mann und Frau.
Sprichwörter 30,18–19

~

Was man an einem Menschen sucht, ist Liebe und Treue.
Sprichwörter 19,22

~

Täuscht euch nicht: Wer sich der Liebe Gottes nicht wie ein Kind öffnet, wird sie niemals erfahren.
Lukas 18,17

~

Keine Wunde ist schlimmer als verwundete Liebe.
Sirach 25,13

Die Gebote: »Zerstöre keine Ehe, morde nicht, beraube
niemand, blicke nicht begehrlich auf das, was anderen gehört« –
diese Gebote und alle anderen sind in dem einen Satz
zusammengefasst: »Liebe deinen Mitmenschen wie dich selbst.«
Römer 13,9

Wo aber Liebe und Treue herrschen, da bewirken sie Frieden
und Wohlstand, Ruhe und Sicherheit.
Jesaja 32,17

Die Liebe muss euer ganzes Leben bestimmen.
2. Johannes 6

Wer nicht liebt, kennt Gott nicht, denn Gott ist Liebe.
1. Johannes 4,8

Wenn ich die Sprachen aller Menschen spräche
und sogar die Sprache der Engel kennte,
aber ich hätte keine Liebe –,
dann wäre ich doch nur ein dröhnender Gong,
nicht mehr als eine lärmende Pauke.
Auch wenn ich göttliche Eingebungen hätte
und alle Geheimnisse Gottes wüsste
und hätte den Glauben, der Berge versetzt,
aber ich wäre ohne Liebe –,
dann hätte das alles keinen Wert.
Und wenn ich all meinen Besitz verteilte

und nähme den Tod in den Flammen auf mich,
aber ich hätte keine Liebe –,
dann wäre es alles umsonst.

Wer liebt, ist geduldig und gütig.
Wer liebt, der ereifert sich nicht,
er prahlt nicht und spielt sich nicht auf.
Wer liebt, der verhält sich nicht taktlos,
er sucht nicht den eigenen Vorteil
und lässt sich nicht zum Zorn erregen.
Wer liebt, der trägt keinem etwas nach;
es freut ihn nicht, wenn einer Fehler macht,
sondern wenn er das Rechte tut.
Wer liebt, der gibt niemals jemand auf,
in allem vertraut er und hofft er für ihn;
alles erträgt er mit großer Geduld.

Niemals wird die Liebe vergehen.
Prophetische Weisung hört einmal auf,
das Reden in Sprachen des Geistes verstummt,
auch das Wissen um die Geheimnisse Gottes
                    wird einmal ein Ende nehmen.
Denn unser Wissen von Gott ist Stückwerk,
und unser prophetisches Reden ist Stückwerk.
Doch wenn sich die ganze Wahrheit zeigt,
dann ist es mit dem Stückwerk vorbei.
Anfangs, als ich noch ein Kind war,
da redete ich wie ein Kind,
ich fühlte und dachte wie ein Kind.
Dann aber wurde ich ein Mann
und legte die kindlichen Vorstellungen ab.
Jetzt sehen wir nur ein unklares Bild
wie in einem trüben Spiegel;
dann aber stehen wir Gott gegenüber.

Jetzt kennen wir ihn nur unvollkommen;
dann aber werden wir ihn völlig kennen,
so wie er uns jetzt schon kennt.

Auch wenn alles einmal aufhört –
Glaube, Hoffnung und Liebe nicht.
Diese drei werden immer bleiben;
doch am höchsten steht die Liebe.
1. Korinther 13,1–13

≈

Gott hat uns nicht gegeben den Geist der Furcht, sondern der
Kraft und der Liebe und der Besonnenheit.
2. Timotheus 1,7 (Luth)

≈

Ich gebe euch nur dieses eine Gebot: Ihr sollt einander lieben!
Johannes 15,17

≈

Plage die Frau, die du liebst, nicht mit eifersüchtigen Verdäch-
tigungen; damit brächtest du sie nur auf böse Gedanken gegen
dich.
Sirach 9,1

≈

Jesus antwortete: »›Liebe den Herrn, deinen Gott, von ganzem
Herzen, mit ganzem Willen und mit deinem ganzen Verstand!‹
Dies ist das größte und wichtigste Gebot. Das zweite ist gleich
wichtig: ›Liebe deinen Mitmenschen wie dich selbst!‹ In diesen
beiden Geboten ist alles zusammengefasst, was das Gesetz und
die Propheten fordern.«
Matthäus 22,37–40

≈

Die Liebe kennt keine Angst. Wahre Liebe vertreibt die Angst. Wer Angst hat und vor der Strafe zittert, bei dem hat die Liebe ihr Ziel noch nicht erreicht.

1. Johannes 4,18

~

Vor allem lasst nicht nach in der Liebe zueinander! Denn die Liebe macht viele Sünden wieder gut.

1. Petrus 4,8

~

Kein Wasser kann die Glut der Liebe löschen,
und keine Sturzflut schwemmt sie je hinweg.
Wer meint, er könne solche Liebe kaufen,
der ist ein Narr, er hat sie nie gekannt!

Hohelied 8,7

~

Deine Güte und Liebe umgeben mich
an allen kommenden Tagen;
in deinem Haus darf ich nun bleiben
mein Leben lang.

Psalm 23,6

~

Wer anderen Güte und Liebe erweist, der findet ein erfülltes Leben, Gegenliebe und Ansehen.

Sprichwörter 21,21

~

Liebe, die offen tadelt, ist besser als eine, die ängstlich schweigt.

Sprichwörter 27,5

~

Komm doch und küss mich!
Deine Liebe berauscht mich
mehr noch als Wein.
Hohelied 1,2

～

Stärkt mich mit Äpfeln, mit Rosinenkuchen,
denn Liebessehnsucht hat mich krank gemacht.
Hohelied 2,5

～

Wie glücklich du mich machst
mit deiner Zärtlichkeit!
Mein Mädchen, meine Braut,
ich bin von deiner Liebe
berauschter als von Wein.
Du duftest süßer noch
als jeder Salbenduft.
Hohelied 4,10

～

Ich komm in den Garten, zu dir, meine Braut! Ich pflücke die
Myrrhe, die würzigen Kräuter. Ich öffne die Wabe und esse den
Honig. Ich trinke den Wein, ich trinke die Milch. Esst, Freunde,
auch ihr, und trinkt euren Wein; berauscht euch an Liebe!
Hohelied 5,1

～

Du bist schön wie keine andre,
dich zu lieben macht mich glücklich!
Hohelied 7,7

～

Ganz früh stehn wir auf, gehn zum Weinberg und sehn, ob die Weinstöcke treiben, die Knospen der Reben sich öffnen und auch die Granatbäume blühen. Dort schenke ich dir meine Liebe!
Hohelied 7,13

Du trägst den Siegelring an einer Schnur auf deiner Brust. So nimm mich an dein Herz! Du trägst den Reif um deinen Arm. So eng umfange mich!
Unüberwindlich ist der Tod: niemand entrinnt ihm, keinen gibt er frei. Unüberwindlich – so ist auch die Liebe, und ihre Leidenschaft brennt wie ein Feuer.
Hohelied 8,6

Dankt ihm, dem mächtigsten aller Herren!
– Seine Liebe hört niemals auf!
Er allein tut große Wunder.
– Seine Liebe hört niemals auf!
Mit Geschick hat er den Himmel gewölbt.
– Seine Liebe hört niemals auf!
Über den Meeren hat er die Erde ausgebreitet.
– Seine Liebe hört niemals auf!
Er hat die großen Lichter gemacht:
– Seine Liebe hört niemals auf!
Die Sonne, um den Tag zu regieren.
– Seine Liebe hört niemals auf!
Mond und Sterne für die Nacht.
– Seine Liebe hört niemals auf!
Psalm 136,3–9

Liebe und Treue zu anderen sollen bei dir niemals fehlen. Schmücke dich damit wie mit einer Halskette! So findest du Zuneigung und Beifall bei Gott und den Menschen.
Sprichwörter 3,3–4

～

Der Mann antwortete: »Liebe den Herrn, deinen Gott, von ganzem Herzen, mit ganzem Willen und mit deiner ganzen Kraft und deinem ganzen Verstand! Und: Liebe deinen Mitmenschen wie dich selbst!« »Richtig geantwortet«, sagte Jesus. »Handle so, dann wirst du leben.«
Lukas 10,27–28

～

Bleibt niemand etwas schuldig – außer der Schuld, die ihr nie abtragen könnt: der Liebe, die ihr einander erweisen sollt. Wer den anderen liebt, hat den Willen Gottes erfüllt.
Römer 13,8

～

Komm, lass uns eilen, nimm mich mit dir nach Hause, fass meine Hand! Du bist mein König! Deine Zärtlichkeit gibt mir Freude und Glück. Rühmen und preisen will ich stets deine Liebe, mehr als den Wein! Mädchen, die schwärmen, wenn dein Name genannt wird, schwärmen zu Recht!
Hohelied 1,4

～

Ihr sollt erkennen, wie unermesslich die Liebe ist, die Jesus Christus zu uns hat und die alles Begreifen weit übersteigt. Dann wird die ganze göttliche Lebensmacht mit ihrer Fülle euch mehr und mehr erfüllen.
Epheser 3,19

～

Wir wissen, dass wir den Tod hinter uns gelassen und das unvergängliche Leben erreicht haben. Wir erkennen es daran, dass wir unsere Brüder lieben. Wer dagegen nicht liebt, bleibt im Tod.
1. Johannes 3,14

≈

Meine Kinder, unsere Liebe darf nicht nur aus leeren Worten bestehen. Es muss wirkliche Liebe sein, die sich in Taten zeigt.
1. Johannes 3,18

≈

Eure Liebe muss aufrichtig sein. Verabscheut das Böse, tut mit ganzer Hingabe das Gute!
Römer 12,9

≈

Niemand liebt mehr als der, der sein Leben für seine Freunde opfert.
Johannes 15,13

Vertrauen

Gott vertrauen heißt: sich verlassen auf das, was man hofft, und fest mit dem rechnen, was man nicht sehen kann.
Hebräer 11,1

Quält euch nicht mit Gedanken an morgen; der morgige Tag wird für sich selber sorgen. Ihr habt genug zu tragen an der Last von heute.
Matthäus 6,34

Bittet, und ihr werdet bekommen! Sucht, und ihr werdet finden! Klopft an, und man wir euch öffnen! Denn wer bittet, der bekommt; wer sucht, der findet; und wer anklopft, dem wird geöffnet.
Lukas 11,9–10

Vertrau dem Herrn, er wird dir beistehen; bleib auf dem geraden Weg und hoffe auf ihn!
Sirach 2,6

Darum sage ich euch: Macht euch keine Sorgen um Essen und Trinken und um eure Kleidung. Das Leben ist mehr als Essen und Trinken, und der Körper ist mehr als die Kleidung. Seht

euch die Vögel an! Sie säen nicht, sie ernten nicht, sie sammeln keine Vorräte – aber euer Vater im Himmel sorgt für sie. Und ihr seid ihm doch viel mehr wert als alle Vögel! Wer von euch kann durch Sorgen sein Leben auch nur um einen Tag verlängern?
Matthäus 6,25–27

❦

Warum habt ihr solche Angst?« fragte Jesus. »Habt ihr denn immer noch kein Vertrauen?«
Markus 4,40

❦

Trachtet zuerst nach dem Reich Gottes und nach seiner Gerechtigkeit, so wird euch das alles zufallen.
Matthäus 6,33 (Luth)

❦

Wenn aber einer von euch nicht weiß, was er in einem bestimmten Fall tun muss, soll er Gott um Weisheit bitten. Gott wird sie ihm geben, denn er gibt gern und teilt allen großzügig aus. Er muss Gott aber in festem Vertrauen bitten und darf nicht im Geringsten zweifeln. Wer zweifelt, gleicht den Meereswogen, die vom Wind gepeitscht und hin und her getrieben werden. Solch ein Mensch kann nicht erwarten, dass er vom Herrn etwas empfängt; denn wer zweifelt, der ist auch unbeständig in allem, was er unternimmt.
Jakobus 1,5–8

❦

Wenn einer zum Herrn blickt, dann leuchtet sein Gesicht, sein Vertrauen wird nicht enttäuscht.
Psalm 34,6

❦

Heile du mich, Herr, dann werde ich wieder gesund! Hilf mir, dann ist mir wirklich geholfen.

Jeremia 17,14

~

Genau wie der menschliche Leib ohne den Atem tot ist, so ist auch der Glaube ohne entsprechende Taten tot.

Jakobus 2,26

~

Ihr, die ihr den Herrn ernst nehmt, rechnet mit seinem Erbarmen! Wendet euch nicht von ihm ab, damit ihr nicht zu Fall kommt. Setzt euer Vertrauen auf ihn, der Lohn dafür bleibt nicht aus. Erwartet von ihm Glück, unvergängliche Freude und Erbarmen!

Sirach 2,7–9

~

Wer unter dem Schutz des höchsten Gottes lebt und bei ihm, der alle Macht hat, bleiben darf, der sagt zum Herrn: »Du bist meine Zuflucht, bei dir bin ich sicher wie in einer Burg. Mein Gott, ich vertraue dir!«

Psalm 91,1–2

~

Du stellst meine Füße auf weiten Raum.

Psalm 31,9 (Luth)

~

Wenn euer Vertrauen auch nur so groß ist wie ein Senfkorn, dann könnt ihr zu dem Maulbeerbaum dort sagen: »Zieh deine Wurzeln aus der Erde und verpflanze dich ins Meer«, und er wird euch gehorchen.

Lukas 17,6–7

Denn der Geist, den Gott uns gegeben hat, macht uns nicht zaghaft, sondern gibt uns Kraft, Liebe und Besonnenheit.
2. Timotheus 1,7

Leg dein Schicksal in Gottes Hand;
verlass dich auf ihn, er macht es richtig!
Psalm 37,5

Der König war überglücklich und befahl, Daniel aus der Löwengrube zu holen. Daniel wurde heraufgezogen. Er war völlig unverletzt, weil er seinem Gott vertraut hatte.
Daniel 6,24

Jesus drehte sich um, sah sie an und sagte: »Hab keine Angst. Dein Vertrauen hat dir geholfen.« Im selben Augenblick war die Frau geheilt.
Matthäus 9,22

Setzt immer das Vertrauen auf den Herrn, der unser Gott ist, unser Fels für alle Zeiten!
Jesaja 26,4

Denn ich bin der Herr, dein Gott, ich fasse dich bei der Hand und sage zu dir: Fürchte dich nicht! Ich selbst, ich helfe dir.
Jesaja 41,13

Ihr Mächtigen der Erde, liebt, was recht ist! Richtet eure Gedanken auf den Herrn und sucht ihn mit aufrichtigem und unge-

teiltem Herzen! Denn er lässt sich von allen finden, die es ernst meinen, und zeigt sich denen, die ihm Vertrauen schenken.
Weisheit 1,1–2

~

Hängt nicht am Geld und seid zufrieden mit dem, was ihr habt. Gott hat gesagt: »Niemals werde ich dir meine Hilfe entziehen, nie dich im Stich lassen.«
Hebräer 13,5

~

Aber alle, die auf den Herrn vertrauen, bekommen immer wieder neue Kraft, es wachsen ihnen Flügel wie dem Adler. Sie gehen und werden nicht müde, sie laufen und brechen nicht zusammen.
Jesaja 40,31

~

Jesus antwortete: »Ich habe es euch schon gesagt, aber ihr wollt mir nicht glauben. Die Taten, die ich im Auftrag meines Vaters vollbringe, sprechen für mich. Aber ihr gehört nicht zu meinen Schafen, darum vertraut ihr mir nicht. Meine Schafe hören auf mich. Ich kenne sie, und sie folgen mir. Ich gebe ihnen das ewige Leben, und sie werden niemals umkommen. Keiner kann sie mir aus den Händen reißen; denn der Vater, der sie mir gegeben hat, ist mächtiger als alle. Keiner kann sie seinem Schutz entreißen. Der Vater und ich sind untrennbar eins.«
Johannes 10,25–30

~

Mich quält keine Sorge, wenn ich mich niederlege,
ganz ruhig schlafe ich ein;
denn du, Herr, lässt mich in Sicherheit leben.
Psalm 4,9

Ich versichere euch: Jeder, der mir vertraut, wird auch die Taten vollbringen, die ich tue. Ja, seine Taten werden meine noch übertreffen, denn ich gehe zum Vater. Dann werde ich alles tun, worum ihr bittet, wenn ihr euch dabei auf mich beruft.

Johannes 14,12–13

∽

Vom heiligen Geist erfüllt, verließ Jesus die Jordangegend. Vierzig Tage lang wurde er vom Geist in der Wüste umhergetrieben und vom Teufel auf die Probe gestellt. Die ganze Zeit hindurch aß er nichts, so dass er schließlich sehr hungrig war. Da sagte der Teufel zu ihm: »Wenn du Gottes Sohn bist, dann befiehl doch diesem Stein hier, er solle zu Brot werden!« Jesus antwortete ihm: »In den heiligen Schriften steht: ›Der Mensch lebt nicht nur vom Brot.‹«
Darauf zeigte ihm der Teufel auf einen Blick alle Reiche der Welt und sagte: »Ich will dir die Macht über alle diese Reiche in ihrer ganzen Größe und Schönheit geben. Sie ist mir übertragen worden, und ich kann sie weitergeben, an wen ich will. Alles soll dir gehören, wenn du dich vor mir niederwirfst und mich anbetest.«
Aber Jesus sagte: »In den heiligen Schriften heißt es: ›Vor dem Herrn, deinem Gott, wirf dich nieder, ihn sollst du anbeten und niemand sonst.‹«
Zuletzt führte ihn der Teufel nach Jerusalem, stellte ihn hoch oben auf den Tempel und sagte: »Wenn du wirklich Gottes Sohn bist, dann spring doch hinunter – denn in den heiligen Schriften steht: ›Gott wird seinen Engeln befehlen, dich zu beschützen.‹ Und: ›Sie sollen dich auf Händen tragen, damit du dich an keinem Stein stößt.‹« Jesus antwortete ihm: »Es heißt in den heiligen Schriften auch: ›Du sollst den Herrn, deinen Gott, nicht herausfordern.‹« Als der Teufel mit all dem Jesus nicht zu Fall bringen konnte, ließ er ihn vorläufig in Ruhe.

Lukas 4,1–13

Verlass dich nicht auf deinen Verstand, sondern setze dein Vertrauen ungeteilt auf den Herrn! Denk an ihn bei allem, was du tust; er wird dir den richtigen Weg zeigen.

Sprichwörter 3,5–6

∾

Zum Abschied gebe ich euch den Frieden, *meinen* Frieden, nicht den Frieden, den die Welt gibt. Erschreckt nicht, habt keine Angst!

Johannes 14,27

Freundschaft

Eine Schüssel Gemüse bei guten Freunden ist besser als der schönste Braten bei gehässigen Leuten.
Sprichwörter 15,17

~

Eine offene, ehrliche Antwort ist ein Zeichen von wahrer Freundschaft.
Sprichwörter 24,26

~

In Notzeiten muss dir dein Bruder helfen; ein Freund steht dir immer bei.
Sprichwörter 17,17

~

Mancher verspricht einem Freund etwas, weil er sich scheut, Nein zu sagen; so macht man sich unnötig Feinde.
Sirach 20,23

~

Durch freundliche Worte gewinnst du viele Freunde, und einleuchtende Rede verschafft dir ihre Zustimmung. Menschen, die dich grüßen, solltest du viele haben; aber als Ratgeber nimm nur einen unter tausend!
Sirach 6,5–6

Wenn du jemand zu deinem Freund machen willst, dann vertrau dich ihm nicht zu schnell an; finde zuerst heraus, ob er es verdient. Mancher ist dein Freund, solange es für ihn nützlich ist; sobald du in Schwierigkeiten gerätst, ist er nicht mehr da. Es gibt Freunde, die geraten mit dir in Streit und hängen es gleich an die große Glocke; den Ärger davon hast dann du.

Es gibt Freunde, die mit dir an deinem Tisch sitzen, solange bei dir alles zum Besten steht. Sie folgen dir wie ein Schatten und befehlen deinen Dienern, als wären es ihre eigenen. Aber sobald du in Schwierigkeiten gerätst, verschwinden sie. Wenn es dir schlecht geht, wollen sie nichts von dir wissen und lassen sich nicht mehr sehen.

Sirach 6,7–12

～

Halte dich fern von deinen Feinden und nimm dich in Acht vor deinen Freunden! Ein zuverlässiger Freund ist wie ein sicherer Zufluchtsort. Wer einen solchen Freund gefunden hat, der hat einen wahren Schatz gefunden. Er ist so wertvoll, dass er mit nichts zu bezahlen ist. Ein zuverlässiger Freund ist ein echtes Heilmittel; wer dem Herrn gehorcht, findet einen solchen Freund. Wer sich an den Herrn hält, der kann auch rechte Freundschaft halten; denn er wird einen Gefährten finden, der zu ihm passt.

Sirach 6,13–17

～

Gib keinen alten Freund auf; ein neuer kann ihn dir niemals ersetzen!

Mit einem neuen Freund ist es wie mit dem Wein: Erst wenn er alt geworden ist, schmeckt er richtig.

Sirach 9,10

～

Wie ein Irrer, der mit Brandpfeilen und anderen tödlichen Waffen spielt, so handelt der, der seinen Freund betrügt und dann sagt: »Es war nur ein Scherz.«
Sprichwörter 26,18–19

So genannte Freunde können dich ruinieren; aber ein echter Freund hält fester zu dir als ein Bruder.
Sprichwörter 18,24

Jeder kann sagen: »Ich bin dein Freund.« Aber mancher ist es nur dem Namen nach. Der Schmerz, den man empfindet, wenn ein vertrauter Freund zum Feind wird, ist so schlimm wie der Tod. Die Neigung zum Bösen in uns, wie konnte sie nur entstehen? Wie konnte sie die Erde mit Falschheit überschwemmen? Da genießt einer alle Freuden am Tisch seines Freundes; aber sobald es dem Freund schlecht geht, wendet er sich gegen ihn. Solange er etwas für seinen Bauch bekommt, ist er bereit, mit seinem Freund zu leiden. Doch wenn es zum Kampf kommt, verschwindet er hinter seinem Schild.
Sirach 37,1–5

Einen Freund darfst du nie vergessen, erst recht nicht, wenn du reich wirst.
Sirach 37,6

Wenn du jemandes Freund bist, dann begegne ihm nicht als Feind!
Sirach 6,1

Halte dich aus Streitereien heraus, dann hast du weniger Gelegenheiten, Unrecht zu tun. Denn einer, der sich in Zorn redet, facht den Streit an.

Sirach 28,8

~

Ein boshafter Mensch bringt Freunde auseinander, er stiftet Feindseligkeit zwischen Leuten, die sich gut verstehen.

Sirach 28,9

~

Wer Anvertrautes ausplaudert, zerstört das Vertrauen und findet nie einen wahren Freund. Liebe deinen Freund und bewahre dir sein Vertrauen! Wenn du seine Geheimnisse verrätst, kannst du ihn als Freund vergessen. Dann hast du seine Freundschaft genauso endgültig verloren wie einen Toten.
Du bist deinen Freund los und bekommst ihn nicht wieder, genauso wenig wie du einen Vogel wieder einfangen kannst, den du aus deiner Hand entkommen lässt.

Sirach 27,16–19

~

Wenn du etwas Schlimmes über deinen Freund hörst, frag ihn selbst! Glaub nicht gleich alles, was man dir sagt; denn oft genug ist es eine Verleumdung. Mancher sagt etwas Falsches, ohne böse Absicht. Wem ist das noch nicht passiert? Wenn du über einen anderen in Zorn geraten bist, dann droh ihm nicht gleich, sondern stell ihn zur Rede!

Sirach 19,15–17

~

Sei nicht neidisch auf das Glück schlechter Menschen; suche nicht ihre Freundschaft!

Sprichwörter 24,1

Ein Freund bleibt dein Freund, auch wenn er dir wehtut; ein Feind überfällt dich mit übertrieben vielen Küssen.
Sprichwörter 27,6

∿

Wer Freundschaft halten will, verzeiht Unrecht; wer immer wieder davon spricht, verliert den Freund.
Sprichwörter 17,9

∿

Trau niemals einem Feind; denn seine Bosheit ist wie Rost, der sich immer tiefer ins Eisen frisst. Auch wenn er unterwürfig tut und sich tief vor dir bückt, pass auf und nimm dich vor ihm in Acht! Er ist wie ein Spiegel aus Kupfer: Du kannst ihn ständig polieren und er setzt doch immer wieder Grünspan an. Hol ihn nicht an deine Seite; sonst versucht er, dich zu stürzen und deine Stelle einzunehmen. Setz ihn nicht auf den Platz rechts von dir; sonst macht er dir bald deinen eigenen Platz streitig.
Sirach 12,10–12

∿

Tausch einen Freund nicht gegen Geld ein und einen treuen Bruder nicht einmal gegen feinstes Gold!
Sirach 7,18

Gesundheit

Achte auf meine Worte! Präge sie dir gut ein, damit du sie in Herz und Sinn behältst und nie verlierst. Jeden, der sie befolgt, erhalten sie bei Leben und Gesundheit. Mehr als auf alles andere achte auf deine Gedanken, denn sie bestimmen dein Leben. Lass deinen Mund keine Unwahrheit aussprechen; keine Verleumdung oder Täuschung soll über deine Lippen kommen. Sorge dafür, dass du jedem frei und offen ins Auge blicken kannst!
Sprichwörter 4,20–25

Fröhlichkeit ist gut für die Gesundheit, Mutlosigkeit raubt einem die letzte Kraft.
Sprichwörter 17,22

Bei allem, was du tust, sei vernünftig, dann wirst du auch nicht krank!
Sirach 31,22

Wisst ihr denn nicht, dass euer Körper der Tempel des heiligen Geistes ist? Gott hat euch seinen Geist gegeben, der jetzt in euch wohnt. Darum gehört ihr nicht mehr euch selbst. Gott hat euch als sein Eigentum erworben. Macht ihm also Ehre durch die Art, wie ihr mit eurem Körper umgeht!
1. Korinther 6,19–20

Wer zu anderen gütig ist, tut sich selber wohl; der Grausame tut sich selber weh.

Sprichwörter 11,17

~

Es ist besser, einen anderen zur Rede zu stellen, als den Ärger in sich aufzustauen.

Sirach 20,2

~

Erst unterrichte dich, danach kannst du reden. Kümmere dich um deine Gesundheit nicht erst, wenn du krank bist.

Sirach 18,19

~

Mein Sohn, während deines ganzen Lebens prüfe dich selbst! Wenn du merkst, dass dir etwas nicht bekommt, dann verweigere es dir!

Sirach 37,27

~

Ein freundlicher Blick erfreut das Herz, und eine gute Nachricht stärkt die Glieder.

Sprichwörter 15,30

~

Langes Warten macht das Herz krank; aber ein erfüllter Wunsch gibt ihm neues Leben.

Sprichwörter 13,12

~

Ein Körper besteht nicht aus einem einzigen Teil, sondern aus vielen Teilen. Wenn der Fuß erklärt: »Ich gehöre nicht zum Leib, weil ich nicht die Hand bin« – hört er damit auf, ein Teil des Körpers zu sein? Oder wenn das Ohr erklärt: »Ich gehöre nicht zum Leib, weil ich nicht das Auge bin« – hört es damit auf, ein Teil des Körpers zu sein? Wie könnte ein Mensch hören, wenn er nur aus Augen bestünde? Wie könnte er riechen, wenn er nur aus Ohren bestünde?

Nun hat Gott aber jedem Teil seine besondere Aufgabe im Ganzen des Körpers zugewiesen. Wenn alles nur ein einzelner Teil wäre, wo bliebe da der Leib? Aber nun gibt es viele Teile, und alle an einem einzigen Leib.

Das Auge kann nicht zur Hand sagen: »Ich brauche dich nicht!« Und der Kopf kann nicht zu den Füßen sagen: »Ich brauche euch nicht!« Gerade die Teile des Körpers, die schwächer scheinen, sind besonders wichtig. Die Teile, die als unansehnlich gelten, kleiden wir mit besonderer Sorgfalt und genauso machen wir es bei denen, die Anstoß erregen. Die anderen Teile haben das nicht nötig. Gott hat unseren Körper zu einem Ganzen zusammengefügt und hat dafür gesorgt, dass die geringeren Teile besonders geehrt werden. Denn er wollte, dass es keine Uneinigkeit im Körper gibt, sondern jeder Teil sich um den anderen kümmert. Wenn irgendein Teil des Körpers leidet, dann leiden alle anderen mit ihm. Und wenn irgendein Teil geehrt wird, freuen sich alle anderen mit.

1. Korinther 12,14–26

❧

Gib dich nicht dem Trübsinn hin, quäl dich nicht selbst mit nutzlosem Grübeln! Freude und Fröhlichkeit verlängern das Leben und machen es lebenswert! Überrede dich selbst zur Freude, sprich dir Mut zu und vertreibe den Trübsinn! Der hat noch nie jemandem geholfen, aber viele hat er umgebracht.

Sirach 30,21–23

❧

Ein ausgeglichener Sinn erhält den Körper gesund; aber Eifersucht ist wie eine Krebsgeschwulst.
Sprichwörter 14,30

～

Was im Herzen eines Menschen vorgeht, verändert sein Gesicht und macht es fröhlich oder traurig. Ein fröhliches Gesicht ist ein Zeichen für ein glückliches Herz; aber beim Erfinden von Merksprüchen muss man viel grübeln.
Sirach 13,25–26

～

Arm sein, aber gesund und kräftig, ist besser als reich sein, aber an allen möglichen Krankheiten leiden.
Sirach 30,14

～

Ein gesunder Körper ist besser als Gold und ein fröhlicher Sinn besser als Perlen.
Sirach 30,15

～

Kein Reichtum ist mehr wert als die Gesundheit und kein Glück größer als ein fröhliches Herz.
Sirach 30,16

～

Tot sein und für immer Ruhe haben ist besser als ein elendes Leben mit nicht endender Krankheit. Was soll das beste Essen, wenn man zu krank ist, den Mund aufzumachen? Ebenso gut könnte man es auf ein Grab stellen.
Sirach 30,17–18

～

Der Wille zum Leben unterwirft sich die Krankheit. Doch wer kann mit einem zerbrochenen Willen leben?
Sprichwörter 18,14

~

Eifersucht und Ärger verkürzen das Leben, und Sorgen machen vorzeitig alt.
Sirach 30,24

~

Zerstört nicht Gottes Werk wegen eines Nahrungsmittels! Es gibt zwar keines, dessen Genuss den Menschen vor Gott unrein macht. Aber es ist schlimm für einen Menschen, wenn er mit schlechtem Gewissen isst. Deshalb ist es besser, kein Fleisch zu essen und keinen Wein zu trinken und auch sonst alles zu unterlassen, was einen Bruder zur Sünde verleiten könnte.
Römer 14,20–21

~

Macht euch nicht zu Sklaven eurer Wünsche und Triebe.
Römer 13,14

~

Die Trauer kann dir alle Kraft nehmen und dir sogar den Tod bringen.
Sirach 38,18

~

Mancher ist so klug, dass er andere belehren kann, aber nicht klug genug, um sich selber zu helfen.
Sirach 37,19

~

Mein Sohn, wenn du krank wirst, nimm es nicht auf die leichte Schulter!
Bete zum Herrn, er wird dich wieder gesund machen. Hör auf, Unrecht zu tun; tu, was recht ist; entferne jede Art von Sünde aus deinem Herzen.

Sirach 38,9–10

～

Verlass dich nicht auf deinen Verstand, sondern setz dein Vertrauen ungeteilt auf den Herrn! Denk an ihn bei allem, was du tust; er wird dir den richtigen Weg zeigen. Halte dich selbst nicht für klug und erfahren, sondern nimm den Herrn ernst und bleib allem Unrecht fern! Das ist eine Medizin, die dich gesund erhält und deinen Körper erfrischt.

Sprichwörter 3,5–8

～

Ein fröhliches Herz sorgt für guten Appetit und auch für gute Verdauung.

Sirach 30,25

～

Was soll ein Götzenbild mit einem Speiseopfer anfangen? Es kann doch weder essen noch riechen! Genauso geht es einem, dem der Herr mit Krankheit zusetzt. Er sieht das schöne Essen und seufzt, wie ein Eunuch, der ein Mädchen umarmt.

Sirach 30,19–20

～

Halte dir den Ärger von der Seele und die Krankheit vom Leib. Jugend und dunkles Haar vergehen schnell.

Kohelet 11,10

～

Lass dich nicht von deinen Wünschen beherrschen; sie könnten deine ganze Kraft aufzehren. Was sie dann von dir übrig lassen, gleicht einem kahlen Baum, von dem alle Blätter und Früchte abgefressen sind.

Sirach 6,2–3

Essen und Trinken

Nicht jeder kann alles vertragen, und nicht alles ist für alle gleich gut. Sei maßvoll bei jeder Art von Genuss, stürze dich nicht gierig auf das Essen! Zu viel Essen macht krank und Maßlosigkeit führt zu Bauchschmerzen. Gefräßigkeit hat schon viele umgebracht. Wer sie vermeidet, lebt länger.
Sirach 37,28–31

~

Mein Sohn, Honig ist etwas Gutes und ein Genuss für den Gaumen.
Sprichwörter 24,13

~

Trink nicht so viel Wein, dass du betrunken wirst! Der Rausch ist ein schlechter Weggenosse.
Tobit 4,15

~

Zu viel Honig und zu viel Ehre bekommen dir nicht.
Sprichwörter 25,27

~

Aller Augen warten auf dich, und du gibst ihnen ihre Speise zur rechten Zeit. Du tust deine Hand auf und sättigst alles, was lebt, nach deinem Wohlgefallen.
Psalm 145,15–16 (Luth)

Darum sollte sich der Mensch an die Freude halten. Er soll essen und trinken und sich freuen; das ist das Beste, was er unter der Sonne bekommen kann während seines kurzen Lebens, das Gott ihm auf dieser Erde schenkt.

Kohelet 8,15

～

Wenn ihr fastet, dann setzt keine Leidensmiene auf wie die Heuchler. Sie machen ein saures Gesicht, damit jeder merkt, dass sie fasten. Ich sage euch: sie haben ihren Lohn bereits kassiert. Wenn du fasten willst, dann wasche dein Gesicht und kämme dich, damit niemand es merkt außer deinem Vater, der im Verborgenen ist.

Matthäus 6,16–18

～

Wenn du mit mehreren zusammen bei Tisch sitzt, dann sei nicht der Erste, der zulangt! Einer, der sich benehmen kann, braucht nicht viel, um genug zu haben. Wenn er sich dann schlafen legt, hat er auch keine Atembeklemmungen. Wer sich den Magen voll schlägt, bekommt Bauchschmerzen und kann nicht schlafen. Wer beim Essen bescheiden ist, hat einen gesunden Schlaf, wacht am nächsten Morgen früh auf und fühlt sich wohl.

Sirach 31,18–20

～

Der eine hat keine Bedenken, alles zu essen. Der andere hat Angst, sich zu versündigen, und isst lieber nur Pflanzenkost. Wer Fleisch isst, soll den anderen nicht verachten, aber wer kein Fleisch isst, soll den anderen auch nicht verurteilen.

Römer 14,2–4

～

Wenn du an einem reich gedeckten Tisch sitzt, dann lass vor Staunen nicht den Mund offen stehen und sag auch nicht: »Das ist mehr, als ich essen kann!« Denk daran, wie hässlich gierige Augen sind!

Sirach 31,12–13

Streck nicht die Hand aus nach etwas, worauf dein Tischnachbar blickt; sonst stößt du mit seiner Hand in der Schüssel zusammen. Lass dir von deinem eigenen Gefühl sagen, was der andere empfindet, und überleg dir genau, was du tust!

Sirach 31,14–15

Was man dir vorsetzt, das iss wie ein Mensch! Schling es nicht in dich hinein, das kann niemand ausstehen!

Sirach 31,16

Spiel beim Weintrinken nicht den starken Mann; der Wein hat schon viele schwach gemacht. Wie der Glühofen gehärteten Stahl erprobt, so zeigt der Wein den Charakter überheblicher Menschen, die sich streiten. Der Wein kann dem Menschen Leben einflößen, wenn er ihn mäßig trinkt. Was wäre das Leben ohne Wein? Er war doch von Anfang an da, um uns zu erfreuen! Zur rechten Zeit und mäßig getrunken, gibt der Wein eine heitere Stimmung und ein fröhliches Herz. Doch im Übermaß getrunken, versetzt er in schlechte Laune, macht gereizt und streitsüchtig.

Sirach 31,25–29

Wenn du zusammen mit einem anderen trinkst, mach ihm keine Vorhaltungen! Spotte nicht über ihn, wenn er in Stimmung geraten ist! Beschimpf ihn nicht und komm ihm vor allem nicht mit den Schulden, die er dir zurückzahlen soll!

Sirach 31,31

~

Musik zu einem Festmahl mit Wein ist wie ein Rubin in einem goldenen Schmuckstück. Wie ein Smaragd in einem goldenen Siegelring, so ist eine schöne Melodie zusammen mit einem guten Wein.

Sirach 32,5–6

~

Für den einen haben bestimmte Tage eine besondere Bedeutung; für den anderen sind alle Tage gleich. Es kommt nur darauf an, dass jeder nach seiner Überzeugung handelt. Wer bestimmte Tage beachtet, tut es, um den Herrn zu ehren. Wer alles isst, will genauso den Herrn ehren, denn er dankt ja Gott für das, was er isst. Und auch wer es ablehnt, bestimmte Dinge zu essen, will den Herrn ehren. Auch er dankt Gott dafür.

Römer 14,5–6

~

Wer Gott gehorcht, kann sich satt essen; wer Gott missachtet, läuft ständig mit knurrendem Magen herum.

Sprichwörter 13,25

~

Lass dich nicht von einem Geizhals einladen, und wenn er dir noch so köstliche Speisen vorsetzen will. Denn er hat alle Bissen abgezählt. »Greif doch zu!« sagt er. Aber im Grunde gönnt er dir nichts. Sobald du es merkst, vergeht dir der Appetit, und das ganze Essen kommt dir wieder hoch. Du hast seine Küche mit überschwänglichen Worten gelobt und nichts dafür bekommen.

Sprichwörter 23,6–8

Willst du wissen, wer ständig stöhnt und sich selbst bemitleidet? Wer immer Streit hat und sich über andere beklagt? Wer glasige Augen hat und Verletzungen, die er sich hätte ersparen können? Das sind die, die bis spät in die Nacht beim Wein sitzen und keine Gelegenheit auslassen, eine neue Mischung zu probieren. Lass dich nicht vom Wein verführen! Er funkelt so rot im Becher und gleitet so angenehm durch die Kehle; aber dann wird es dir schwindlig, als hätte dich eine giftige Schlange gebissen. Du siehst Dinge, die es gar nicht gibt, und redest dummes Zeug. Du fühlst dich wie auf stürmischer See, wie einer, der im Mastkorb eines Schiffes liegt. Wenn du wieder zu dir kommst, sagst du: »Man muss mich verprügelt haben, und ich habe gar nichts gespürt! Jetzt muss ich wach werden. Wie kriege ich nur meinen Kopf klar? Ich brauche – einen Schluck Wein!«
Sprichwörter 23,29–35

Arbeit

Der Anfang jeder Tat ist das Gespräch; vor jedem Unternehmen kommt die Unterredung.
Sirach 37,16

∽

Lass dir einen Teil der Verantwortung abnehmen, damit du es leichter hast! Wenn du es so machst und Gott seinen Segen dazu gibt, wirst du unter der Last deines Amtes nicht zusammenbrechen, und die Leute werden immer zufrieden nach Hause gehen.
2. Mose 18,22–23

∽

Lass dich nicht aus der Ruhe bringen; nur Unverständige ärgern sich über alles.
Kohelet 7,9

∽

Wer hart arbeitet, schläft gut, ob er viel oder wenig gegessen hat. Der reiche Faulenzer dagegen wälzt sich schlaflos im Bett, weil ihn der Magen drückt.
Kohelet 5,11

∽

Für unberechtigtes Aufbrausen gibt es keine Entschuldigung; wer sich vom Zorn hinreißen lässt, bringt sich selbst zu Fall.
Sirach 1,22

Zwei sind auf jeden Fall besser dran als einer allein. Wenn zwei zusammenarbeiten, bringen sie es eher zu etwas.
Kohelet 4,9

≈

Überlege genau, was du tun willst, und dann tu es entschlossen!
Sprichwörter 4,26

≈

Geschenke öffnen manche Türen, wenn man zu einflussreichen Leuten will.
Sprichwörter 18,16

≈

Arbeite am Morgen oder am Abend, ganz wie du willst; denn du kannst nicht voraussehen, welches von beiden Erfolg bringt – vielleicht sogar beides.
Kohelet 11,6

≈

Wenn du willst, dass man dir zuhört, dann bereite deine Rede gut vor! Nimm all dein Wissen zusammen, bevor du etwas sagst!
Sirach 33,4

≈

Sieh dir die Ameise an, du Faulpelz! Nimm dir ein Beispiel an ihr, damit du gescheit wirst.
Sprichwörter 6,6

≈

Ein unvernünftiger Vorgesetzter beutet seine Untergebenen aus; aber einer, der es ablehnt, durch Unrecht reich zu werden, bleibt lange im Amt.
Sprichwörter 28,16

Wünsche dir nicht, Richter zu werden, wenn du nicht genügend Kraft hast, dem Unrecht die Stirn zu bieten. Sonst würdest du dich von einem Mächtigen beeinflussen lassen und dich selbst unmöglich machen.
Sirach 7,6

≈

Wem viel gegeben worden ist, von dem wird auch viel verlangt. Je mehr einem Menschen anvertraut wird, desto mehr wird von ihm gefordert.
Lukas 12,48

≈

Die Gefühle und Gedanken eines Dummen sind wie ein Wagenrad auf einer Achse: sie drehen sich immerfort im Kreis.
Sirach 33,5

≈

Wenn jemand für dich arbeitet, dann halte ihn nicht hin, sondern zahle ihm noch am gleichen Tag seinen Lohn. So hat es Gott befohlen, und wenn du danach handelst, bekommst auch du deinen Lohn. Sei achtsam in allem, was du tust, und zeige durch dein Verhalten, dass du eine gute Erziehung bekommen hast.
Tobit 4,14

≈

Wenn ein Vorgesetzter auf Lügen hört, dann werden alle seine Untergebenen unehrlich.
Sprichwörter 29,12

≈

Schwätzer wiederholen nur, was andere gesagt haben; erfahrene Leute wägen ihre Worte genau ab.
Sirach 21,25

Unzufriedene Besserwisser können eine ganze Stadt in Aufruhr versetzen; aber vernünftige Leute beruhigen die Gemüter.
Sprichwörter 29,8

≈

Befolge gute Ratschläge und lass dich korrigieren; dann bist du am Ende ein weiser Mensch.
Sprichwörter 19,20

≈

An Sand, Salz und Eisen hat man schwer zu tragen; aber ein Uneinsichtiger ist untragbar.
Sirach 22,15

≈

Noch etwas habe ich in dieser Welt erkannt: Es sind nicht immer die Schnellsten, die das Rennen machen. Auch die tapfersten Krieger siegen nicht in jedem Kampf. Bildung ist keine Garantie für sicheren Broterwerb, Klugheit führt nicht unbedingt zu Reichtum, und Können findet nicht immer Beifall. Denn schlechte Tage und schlimmes Geschick überfallen jeden.
Kohelet 9,11

≈

Wissen richtet etwas Besseres aus als Waffen – aber eine einzige falsche Entscheidung richtet alles Bessere zugrunde.
Kohelet 9,18

≈

Wissen und Erfahrung helfen einem Menschen mehr, als zehn Herrscher einer Stadt ihm helfen können. Aber kein Mensch auf der Erde ist so erfahren, dass er immer richtig handelt und nie Fehler macht.
Kohelet 7,19–20

Fördert euch gegenseitig, jeder mit der Gabe, die Gott ihm geschenkt hat.

1. Petrus 4,10

~

Manche Leute sind wie Blutegel: »Gib, gib!« sagen sie und saugen andere aus.

Sprichwörter 30,15

~

Dummköpfe haben das Herz auf der Zunge; kluge Menschen denken, bevor sie reden.

Sirach 21,26

~

Wenn dein Vorgesetzter zornig auf dich ist, dann kündige nicht gleich deine Stelle. Wenn du ruhig bleibst, wird er dir sogar große Fehler verzeihen.

Kohelet 10,4

~

Für den Unentschiedenen ist jeder Weg mit Dornen versperrt; der Rechtschaffene findet immer eine gut gebahnte Straße.

Sprichwörter 15,19

~

Ein Hitzkopf erregt Streit; wer schnell aufbraust, macht viele Fehler.

Sprichwörter 29,22

~

Wer Streit liebt, liebt es, schuldig zu werden. Wer anmaßend auftritt, bereitet seinen Sturz vor.

Sprichwörter 17,19

Es heißt: »Ein junger Mann, der arm ist, aber gelernt hat, sein Leben richtig zu führen, ist besser als ein alter, eigensinniger König, der keinen Rat mehr annimmt.« Gut, den jungen Mann holte man aus dem Gefängnis und setzte ihn auf den Thron, obwohl er in einer armen Familie geboren wurde, als der andere schon König war. Aber ich habe beobachtet, dass das Volk sich immer auf die Seite des *nächsten* jungen Mannes stellt, der schon bereitsteht, um den Platz des anderen einzunehmen. Alle Leute laufen ihm nach. Aber schon bald wird man auch mit ihm unzufrieden sein und dem Nächsten zujubeln. Auch das ist sinnlos, es bringt nicht, was man erwartet.

Kohelet 4,13–16

∼

Mein Sohn, beschäftige dich nicht mit zu vielen Dingen! Wenn du dir zu viel vornimmst, bleibst du nicht ungeschoren. Du mühst dich ab und erreichst doch nicht das Ziel; dann willst du aufgeben und kommst doch nicht mehr davon los.

Sirach 11,10

∼

Schimpf nicht auf den König, nicht einmal in Gedanken! Schimpf nicht auf die Reichen, nicht einmal in deinem Schlafzimmer! Wände haben Ohren, und deine Worte könnten Flügel bekommen.

Kohelet 10,20

∼

Merk dir: Erst prüfen, dann tadeln; erst nachdenken, dann urteilen!

Sirach 11,7

∼

Unterbrich einen anderen nicht, wenn er redet; hör ihm bis zum Ende zu, dann antworte!
Sirach 11,8

~

Mein Sohn, sei bescheiden, aber bewahre dir deine Selbstachtung!
Für einen, der sich selbst ruiniert, gibt es keine Entschuldigung.
Wie kann man einen achten, der keine Selbstachtung hat?
Sirach 10,28–29

~

Streite nicht um eine Sache, die dich nichts angeht, und mach nicht mit, wo Schurken zu Gericht sitzen!
Sirach 11,9

~

Hast du jemand verärgert und er ist zornig auf dich, so steck ihm heimlich ein Geschenk zu; das wird ihn besänftigen.
Sprichwörter 21,14

~

Wer viel herumgekommen ist, hat viel gelernt; er hat reiche Erfahrungen gesammelt und redet von Dingen, die er kennt.
Wer keine Erfahrungen gemacht hat, kann nicht viel wissen.
Wer aber viel herumkommt, erwirbt sich große Gewandtheit.
Sirach 34,9–11

~

Holzbalken, die man beim Hausbau fest miteinander verbindet, werden auch von einem Erdbeben nicht auseinander gerissen. So ist einer, der gelernt hat, seine Entschlüsse genau zu überlegen: In schwierigen Augenblicken kann ihn nichts erschüttern.
Sirach 22,16

Entscheidungen, die sich auf einsichtsvolle Überlegungen gründen, sind wie ein schöner Verputz, der fest auf der geglätteten Mauer sitzt. Holzpfähle, die man auf einer Anhöhe aufstellt, halten nicht stand, wenn der Wind dagegen bläst. So geht es einem, der durch dumme Überlegungen ängstlich geworden ist: Jeder Schrecken wirft ihn um.

Sirach 22,17–18

≈

Hol dir keinen Rat bei einem, der dir nichts gönnt! Und einem, der neidisch auf dich ist, sag nichts von deinen Plänen.
Berate dich nie mit einer Frau über ihre Rivalin,
mit einem Feigling über den Krieg,
mit einem Händler über ein gutes Geschäft,
mit einem Käufer über das Verkaufen,
mit einem Geizhals über die Dankbarkeit,
mit einem Unbarmherzigen über die Güte,
mit einem Faulenzer über irgendeine Arbeit,
mit einem Gelegenheitsarbeiter über ein Werk vieler Jahre,
mit einem trägen Diener über eine schwierige Aufgabe.
Erwarte von keinem dieser Leute einen brauchbaren Rat!

Sirach 37,10–11

≈

Jeder Ratgeber hält seinen Plan für den besten; aber mancher sucht mit seinem Rat nur den eigenen Vorteil.

Sirach 37,7

≈

Häng deinen Mantel nicht nach dem Wind und tanz nicht auf jeder Hochzeit; beides tun doppelzüngige, charakterlose Menschen.

Sirach 5,9

Was der Erfahrene sagt, findet Zustimmung. Aber der Unverständige redet sich um Kopf und Kragen. Am Anfang ist sein Reden nur dummes Geschwätz, aber am Ende tödliche Torheit.
Solch ein Mensch redet und redet ohne Ende. Dabei weiß keiner, was geschehen wird. Und niemand sagt ihm, was sein wird,
wenn er einmal gestorben ist. Das anstrengende, viele Reden
müsste den Unverständigen doch so müde machen, dass er nicht
mehr nach Hause gehen kann!
Kohelet 10,12–15

Bleib entschieden bei deiner Überzeugung und steh zu dem,
was du sagst.
Sirach 5,10

Gib nicht an mit den Kleidern, die du trägst, und werde nicht
hochmütig, wenn man dich ehrt. Denn was der Herr tut, kann
der Mensch weder erkennen noch begreifen. Viele große Herrscher mussten am Ende auf dem Boden sitzen; ihre Krone tru-
gen dann andere, die vorher niemand kannte. Viele Hochste-
hende sind tief gestürzt, berühmte Leute sind in die Gewalt von
Geringen geraten.
Sirach 11,4–6

Auch das habe ich gesehen: Da plagt man sich und leistet etwas
und tut alles, um die anderen auszustechen. Ist das nicht auch
sinnlos? Letzten Endes kommt nichts dabei heraus. Man sagt
zwar: »Der Unbelehrbare hält seine Hände in den Schoß – und
verhungert.« Aber ich sage: Eine Handvoll zum Leben und dabei Ruhe und Frieden ist besser als beide Hände voll sinnloser
Jagd nach Wind.
Kohelet 4,4–6

Ein Eingebildeter liebt keinen Tadel, deshalb geht er nie zu erfahrenen Lehrern.
Sprichwörter 15,12

≈

Angenehm leben kann einer von seinem Besitz oder vom Ertrag seiner Arbeit, aber noch mehr, wenn er einen Schatz entdeckt.
Sirach 40,18

≈

Sei vorsichtig, wenn dir einer gute Ratschläge geben will! Finde heraus, was er damit bezweckt; denn für sich selbst plant er zuerst. Dann zieht er für dich das schlechtere Los und sagt: »Es sieht gut für dich aus!« In sicherem Abstand bleibt er stehen und wartet ab, was mit dir geschieht.
Sirach 37,8–9

≈

Wer von euch etwas Besonderes sein will, der soll den anderen dienen, und wer von euch an der Spitze stehen will, soll sich allen unterordnen.
Markus 10,43

≈

Sei immer bereit zu hören, aber lass dir Zeit mit der Antwort.
Sirach 5,11

≈

Durch Wohlstand und Kraft bekommt man Selbstvertrauen. Aber noch mehr durch Ehrfurcht vor dem Herrn. Wer sie hat, dem fehlt nichts. Er braucht keine Hilfe zu suchen. Die Ehrfurcht vor dem Herrn ist wie ein fruchtbarer, herrlicher Garten. Sie ist ein besserer Schutz als aller Ruhm.
Sirach 40,26–27

Beim Gerede von Leuten, die alles mit Schwüren beteuern, stehen einem die Haare zu Berge, und wenn sie miteinander zanken, kann man sich nur die Ohren zuhalten.
Sirach 27,14

~

Wenn du jung bist, sprich nur, wenn es nötig ist; aber höchstens zweimal und nur, wenn man dich etwas fragt! Fass dich kurz, sag viel mit wenig Worten. Zeig, dass du Bescheid weißt und trotzdem schweigen kannst!
Sirach 32,7–8

~

Wer mit den Augen zwinkert, führt Böses im Schilde, und niemand kann ihn davon abbringen. Wenn er bei dir ist, schmeichelt er dir mit freundlichen Worten und begeistert sich für alles, was du sagst. Aber hinter deinem Rücken redet er ganz anders, da dreht er dir aus deinen Worten einen Strick.
Sirach 27,22–23

~

Geschenke und Bestechungen können sogar einen Verständigen blind machen; wie ein Maulkorb verhindern sie den Tadel.
Sirach 20,29

~

Wenn einer gut reden kann, merkt es jeder; aber wenn er etwas Falsches sagt, merkt es nur der Erfahrene.
Sirach 21,7

~

Ein guter Ruf ist besser als großer Reichtum; Liebenswürdigkeit hilft weiter als Silber und Gold.
Sprichwörter 22,1

Für den Verständigen ist Bildung wie ein schmückender, goldener Armreif. Der Unwissende lacht lauthals, wo der Kluge leise lächelt.

Sirach 21,20–21

∿

Wer anderen zu schnell etwas anvertraut, ist leichtsinnig. Wer diesen Fehler begeht, hat selber den Schaden davon.

Sirach 19,4

∿

Wer Vergnügen an Schlechtigkeiten hat, verurteilt sich dadurch selbst. Wer sich aus Klatschereien heraushält, erspart sich manchen Ärger.

Sirach 19,4–6

∿

Erzähl nie ein Gerücht weiter, dann kann dir auch kein Schaden daraus entstehen.

Sirach 19,7

∿

Der eine strengt sich an und arbeitet, so hart und schnell er kann; aber es geht ihm immer schlechter. Ein anderer ist schwerfällig und immer auf Hilfe angewiesen. Er hat zu wenig Kraft und zu viel Armut. Aber der Herr sieht ihn freundlich an, holt ihn aus seiner Niedrigkeit heraus und bringt ihn zu Ehren, so dass viele sich wundern.

Sirach 11,11–13

∿

Führe kein Wortgefecht mit einem Schwätzer; du würdest nur Öl in sein Feuer gießen.

Sirach 8,3

Arbeiten und mehr haben, als man braucht, ist besser, als müßig umherlaufen und prahlen, aber nichts zu essen haben.
Sirach 10,27

~

Beneide keinen schlechten Menschen um seinen Erfolg; du weißt nicht, wie es mit ihm ausgeht.
Sirach 9,11

~

Fordere keinen Mächtigen heraus, du könntest in seine Gewalt geraten! Streite dich nicht mit einem Reichen; er könnte andere mit seinem Geld bestechen, gegen dich auszusagen. Gold hat schon viele ins Verderben gestürzt, sogar den Charakter von Königen hat es verdorben.
Sirach 8,1–2

~

Spiel dich nicht als weiser Lehrer auf, wenn du harte Arbeit verrichten sollst! Und lob dich nicht selbst, wenn du in Schwierigkeiten bist!
Sirach 10,26

~

Wenn der Augenblick es erfordert, mach den Mund auf und rede! Du brauchst dein Wissen nicht zu verstecken.
Sirach 4,23

~

Leihe keinem etwas, der mächtiger ist als du! Wenn du es doch tust, kannst du es gleich abschreiben.
Sirach 8,12

~

Vergeude deine Kraft nicht an Aufgaben, die zu schwer für dich sind! Schon das, was du bisher gesehen hast, ist mehr, als menschlicher Verstand erfassen kann. Viele haben sich in ihren eigenen Gedankengängen verirrt, ihr Wahnwitz hat ihr Denken durcheinander gebracht.

Sirach 3,23–24

Denke daran, in was für einer Zeit du lebst, und hüte dich, etwas Verkehrtes zu tun!
Du sollst dich doch nicht vor dir selber schämen müssen!

Sirach 4,20

Es gibt eine Scheu, die dich schuldig fühlen lässt, und eine andere Scheu, die dir Ruhm und Ehre einbringt.

Sirach 4,21

Sei unparteiisch, sonst schadest du dir selbst. Lass dich nicht von deiner eigenen Scheu zu Fall bringen!

Sirach 4,22

Mach einem anderen keine Vorhaltungen, wenn er sich bereits von seinen Verfehlungen abkehrt. Vergiss nicht, dass wir alle schuldig sind!

Sirach 8,5

Ob du Weisheit und Bildung besitzt, zeigt sich an dem, was du sagst.
Auf keinen Fall widersprich der Wahrheit! Scheu dich zu reden, wenn du nicht Bescheid weißt. Aber scheu dich nicht, deine Ver-

fehlungen zu bekennen; es wäre sinnlos, den Lauf eines Flusses
aufhalten zu wollen.
Sirach 4,24–27

～

Lass dich nicht von einem dummen Menschen beherrschen,
und von einem Mächtigen lass dich nicht einschüchtern!
Sirach 4,27

～

Ein einsichtiger Mensch beachtet jede andere Meinung, aber der
Hochmütige nimmt auf nichts Rücksicht.
Sirach 32,18

～

Tu nichts ohne Überlegung, dann hast du hinterher nichts zu
bereuen.
Sirach 32,19

～

Geh keiner Tätigkeit nach, die voller Gefahren ist; dann machst
du auch nicht mehrmals denselben Fehler. Fühl dich aber auch
nicht zu sicher, wenn alles ganz einfach aussieht.
Sirach 32,20

～

Tut eure Arbeit mit Lust und Eifer, als Leute, die nicht Menschen dienen, sondern dem Herrn.
Epheser 6,7

～

Jede Arbeit bringt Lohn; aber Geschwätz bringt nichts als
Armut.
Sprichwörter 14,23

Ein klarer Verstand findet Zustimmung; Unzuverlässige erreichen nie ihr Ziel.
Sprichwörter 13,15

~

Durch Beratung kommen Pläne zum Ziel, und wer in den Kampf ziehen will, braucht einen guten Plan.
Sprichwörter 20,18

~

Wer von Betrug lebt, findet anfangs Geschmack daran; aber hinterher hat er den Mund voll Sand.
Sprichwörter 20,17

~

Eifer ohne Sachverstand taugt nichts; wer es zu eilig hat, macht Fehler.
Sprichwörter 19,2

~

Der Einflussreiche ist von vielen Schmeichlern umgeben; wer Geschenke verteilt, hat alle Welt zum Freund.
Sprichwörter 19,6

~

Wenn du einen siehst, der in seinem Beruf tüchtig ist, kannst du sicher sein: Er wird Königen dienen, nicht gewöhnlichen Leuten.
Sprichwörter 22,29

~

Wer seinen Verstand schärft, tut sich selbst etwas Gutes; wer seiner Einsicht folgt, findet das Glück.
Sprichwörter 19,8

Wer sich in einen Streit mischt, der ihn nichts angeht, schafft sich ähnlichen Ärger wie einer, der einen vorüberlaufenden Hund bei den Ohren packt.
Sprichwörter 26,17

~

Gib dem Dummen keine Antwort, die seiner Dummheit entspricht, damit man dich nicht mit ihm verwechselt! Oder gib ihm eine Antwort, wie seine Dummheit sie verdient, damit er sich nicht selbst für klug hält!
Sprichwörter 26,4–5

~

Wer redliche Menschen auf einen gefährlichen Abweg bringt, der läuft in seine eigene Falle.
Sprichwörter 28,10

~

Lass dich von Wut und Zorn nicht überwinden, ereifere dich nicht, wenn andere Böses tun; sonst tust du am Ende selber Unrecht!
Psalm 37,8

~

Versuche nicht, alles mitzubekommen, was die Leute reden. Was hast du davon, wenn du hörst, wie deine Untergebenen über dich schimpfen? Du weißt doch, dass du selbst oft genug über andere geschimpft hast.
Kohelet 7,21–22

~

Dem Klugen sagt sein Verstand, was er tun soll; deshalb überzeugen seine Worte.
Sprichwörter 16,23

Lass einen Faulen für dich arbeiten; das wird dir so wohl tun wie Essig den Zähnen und Rauch den Augen.
Sprichwörter 10,26

~

Gib nicht an mit dem, was du morgen vorhast! Du weißt ja nicht einmal, was dir heute zustößt.
Sprichwörter 27,1

~

Wissen wird von klugen Köpfen weitergegeben, aber in Hohl-köpfe geht es nicht hinein.
Sprichwörter 15,7

~

Mit Geduld und ruhigen Worten kann man den härtesten Widerstand brechen und sogar mächtige Leute umstimmen.
Sprichwörter 25,15

Geld

Der Freigebige wird immer reicher, der Geizhals spart sich arm.
Sprichwörter 11,24

∼

Nur von Gottes Segen hängt der Wohlstand ab, eigene Mühe macht ihn nicht größer.
Sprichwörter 10,22

∼

Gut essen macht Freude, Wein trinken macht lustig, und Geld macht beides möglich.
Kohelet 10,19

∼

Wer unbedingt reich werden möchte, gerät in Versuchung. Er verfängt sich in unsinnigen und schädlichen Wünschen, die ihn zugrunde richten und ins ewige Verderben stürzen.
1. Timotheus 6,9

∼

Wer sich durch Handschlag verpflichtet, für die Schulden eines anderen aufzukommen, ist ein Mensch ohne Verstand.
Sprichwörter 17,18

∼

Denn Geldgier ist die Wurzel alles Bösen. Manche sind ihr so verfallen, dass sie dem Herrn untreu wurden und sich selbst die schlimmsten Qualen bereiteten.
1. Timotheus 6,10

Wer Vergnügungen liebt, dem geht schnell das Geld aus; immer gut essen und trinken machen keinen reich.
Sprichwörter 21,17

Gib nicht jedem Wunsch nach, den du dir erfüllen kannst; du musst nicht alles haben, was du begehrst.
Sirach 5,2

Gib dein Geld lieber für einen Bruder oder Freund aus, als es unter irgendeinem Stein zu vergraben, wo es verrottet!
Sirach 29,10

Niemand kann zwei Herren zugleich dienen. Er wird den einen vernachlässigen und den anderen bevorzugen. Er wird dem einen treu sein und den anderen hintergehen. Ihr könnt nicht beiden zugleich dienen: Gott und dem Geld.
Matthäus 6,24

Viele sind in Sünde geraten, weil sie auf Gewinn aus waren. Wer reich werden will, nimmt es nicht so genau.
Sirach 27,1

Etwas Schlimmes habe ich in dieser Welt gesehen, das einem schwer zu schaffen machen kann: Da ist jemand, den hat Gott zu Reichtum, Besitz und Ansehen kommen lassen; er hat alles, was ein Mensch sich wünschen kann. Aber Gott erlaubt ihm nicht, es zu genießen; irgendein Unbekannter wird sich ein gutes Leben damit machen. Das ist doch sinnlos und ganz unerträglich! Mag einer auch hundert Kinder haben und ein hohes Alter erreichen – was hat er davon, wenn er nicht sein Leben genießen kann und am Ende nicht einmal ein anständiges Begräbnis bekommt?

Kohelet 6,1–3

~

Manche wollen immer nur nehmen und haben; wer Gott die Treue hält, kann geben und großzügig sein.

Sprichwörter 21,26

~

Lass dich nicht von deinen Begierden und Leidenschaften hinreißen, sondern halte sie in Schranken! Wenn du dir erlaubst, jedem Wunsch nachzugeben, machst du dich bei deinen Feinden lächerlich. Such nicht dein Vergnügen bei üppigen Schwelgereien – die Kosten würden dich ruinieren! Mach dich nicht arm durch Festgelage, wenn du dir das Geld dafür leihen musst, weil du selbst nicht genug im Beutel hast.

Sirach 18,30–33

~

Mein Sohn, tu dir selbst etwas Gutes, soweit du dazu in der Lage bist, und bring dem Herrn die Opfergaben, die ihm zustehen!

Sirach 14,11

~

Schnell erschwindelter Reichtum verliert sich; langsam erarbeiteter Reichtum vermehrt sich.
Sprichwörter 13,11

≈

Es fängt damit an, dass man ein Erbe nicht schnell genug bekommen kann, und hört damit auf, dass es kein Glück bringt.
Sprichwörter 20,21

≈

Ein Arbeiter, der dem Alkohol verfällt, wird nicht reich. Wer nicht auf die kleinen Ausgaben achtet, richtet sich langsam aber sicher selbst zugrunde.
Sirach 19,1

≈

Wer sich auf seinen Reichtum verlässt, der fällt wie ein Blatt im Herbst. Aber alle, die sich an Gott halten, sind wie frisches Laub, das sich entfaltet.
Sprichwörter 11,28

≈

Leiste keine Bürgschaft, die dein Vermögen übersteigt! Wenn du es doch tust, richte dich darauf ein, dass du zahlen musst!
Sirach 8,13

≈

Wer mit seinem Nachbarn fühlen kann, ist auch bereit, ihm etwas zu leihen. Wer anderen aus der Not hilft, befolgt die Gebote Gottes. Wenn der andere etwas braucht, dann leih es ihm; und wenn du ihm etwas schuldest, dann zahl es ihm pünktlich zurück! Halte, was du versprochen hast! Dann hat man Vertrauen zu dir und leiht dir jederzeit, was du brauchst.
Sirach 29,1–3

Manche betrachten ein Darlehen als einen glücklichen Fund, den man behalten kann, und bringen die in Schwierigkeiten, die ihnen ausgeholfen haben. Bevor solcher das Geld eines anderen kriegt, küsst er ihm die Hand und redet in unterwürfigstem Ton. Doch wenn es ans Zurückzahlen geht, schiebt er es immer wieder hinaus und sagt, wie Leid es ihm tut, aber die Zeiten seien gerade so schlecht. Kann er es zurückbringen, so bringt er kaum die Hälfte und tut, als brächte er etwas Gefundenes zurück. Kann er es nicht, so ist der Gläubiger sein Geld los. Dafür bekommt er einen ungewollten Feind, der ihn mit Flüchen, Schimpfworten und Verachtung belegt, statt ihm zu danken.
Darum wollen viele nicht mehr leihen. Sie sind nicht hartherzig, sie wollen nur nicht unnötig betrogen werden.
Sirach 29,4–7

~

Sei großzügig gegenüber dem Bedürftigen, lass ihn nicht auf deine Hilfe warten! Unterstütze den Armen, wie der Herr es befohlen hat; schick ihn in seiner Not nicht mit leeren Händen zurück!
Sirach 29,8–9

~

Verwende deinen Reichtum, wie Gott, der Höchste, es angeordnet hat; das bringt dir mehr ein als dein Gold.
Sirach 29,11

~

Lieber arm sein und untadelig leben als reich sein und krumme Wege gehen.
Sprichwörter 28,6

~

Reichtum taugt nicht für einen kleinlichen Menschen. Was fängt ein Geizhals mit Wohlstand an? Wer Schätze anhäuft und sich selbst nichts gönnt, sammelt für andere; sie werden sich mit seinem Besitz ein gutes Leben machen.
Wie kann einer gut zu anderen sein, wenn er zu sich selbst schlecht ist? Er wird mit seinem Wohlstand niemals glücklich! Keiner ist schlimmer dran als einer, der sich selbst nichts gönnt. Solche Schlechtigkeit trägt ihre Strafe in sich. Tut er sich einmal etwas Gutes, dann nur aus Versehen; und hinterher wird seine ganze Verkehrtheit sichtbar. Wer gierige Augen hat, ist ein schlechter Mensch; denn wenn er andere in Not sieht, wendet er sich einfach ab. Er ist nie zufrieden mit dem, was er hat; seine Habgier trocknet seine Gefühle aus. Mancher geizt sogar mit dem eigenen Brot, darum sitzt er hungrig an seinem Tisch.
Sirach 14,3–10

~

Mancher wird reich, weil er sein Leben lang knausert und spart. Doch was hat er davon? Er kann sich sagen: »Jetzt darf ich mich ausruhen und meinen Besitz genießen.« Aber er weiß nicht, wie viel Zeit ihm dafür bleibt, und dann stirbt er und hinterlässt anderen seinen Besitz.
Sirach 11,18–19

~

Verlass dich nicht auf deinen Reichtum; bilde dir nicht ein, dass er dich unabhängig macht.
Sirach 5,1

~

Arm sein und Gott ernst nehmen ist besser als reich sein und in ständiger Sorge.
Sprichwörter 15,16

~

Besser wenig, aber ehrlich verdient, als ein großer Gewinn aus unlauteren Geschäften.
Sprichwörter 16,8

~

Wer am Geld hängt, bekommt nie genug davon. Wer ein üppiges Leben liebt, dem fehlt immer noch etwas. Auch das ist sinnlos. Je reicher einer wird, desto mehr Leute wollen von seinem Reichtum leben; und am Ende bleibt ihm nur das Nachsehen.
Kohelet 5,9–10

~

Noch eine böse Sache habe ich beobachtet. Dass einer, der seinen Reichtum ängstlich hütet, dennoch ins Elend gerät. Ein einziges schlechtes Geschäft, und schon ist alles verloren! Wenn der Mann einen Sohn hat, kann er ihm nichts mehr vererben. Und überhaupt: Nackt, wie er auf die Welt gekommen ist, muss er wieder von ihr gehen. Von allem, was er hier angehäuft hat, kann er nicht einmal eine Handvoll mitnehmen. Das könnte einem allen Mut nehmen! Er muss gehen, wie er gekommen ist; für nichts und wieder nichts hat er sich abgeplagt. Sein Leben lang hat er sich nichts gegönnt und hat sich mit Ärger, Sorgen und Krankheit herumgeschlagen.
Kohelet 5,12–16

~

Liebst du den Schlaf, so bist du bald arm. Steh beizeiten auf, dann hast du immer satt zu essen!
Sprichwörter 20,13

~

Sammelt keine Reichtümer hier auf der Erde! Denn ihr müsst damit rechnen, dass Motten und Rost sie auffressen oder Einbrecher sie stehlen. Sammelt lieber Reichtümer bei Gott. Dort wer-

den sie nicht von Motten und Rost zerfressen und können auch
nicht von Einbrechern gestohlen werden.
Matthäus 6,19–20

≈

Denn euer Herz wird immer dort sein, wo ihr euren Reichtum
habt.
Matthäus 6,21

Lebensglück

Lass Gott über dein Tun entscheiden, dann werden sich deine Pläne erfüllen!
Sprichwörter 16,3

~

Jesus sagte zu denen, die Vertrauen zu ihm gefasst hatten: »Wenn ihr euch an mein Wort haltet, seid ihr wirklich meine Jünger. Dann werdet ihr die Wahrheit erkennen, und die Wahrheit wird euch frei machen.«
Johannes 8,31–32

~

Geben macht mehr Freude denn Nehmen.
Apostelgeschichte 20,35

~

Das Reich Gottes ist mitten unter euch.
Lukas 17,21 (Luth)

~

Beneide nicht gewissenlose Menschen, denen es gut geht, sondern bemühe dich täglich, Gottes Willen zu tun. Dann kannst du hoffnungsvoll in die Zukunft blicken, und deinem Glück steht nichts mehr im Weg.
Sprichwörter 23,17–18

~

Da redete Jesus abermals zu ihnen und sprach: »Ich bin das Licht der Welt. Wer mir nachfolgt, der wird nicht wandeln in der Finsternis, sondern wird das Licht des Lebens haben.«
Johannes 8,12 (Luth)

≈

Wer eine Frau gefunden hat, hat das Glück gefunden; Gott meint es gut mit ihm.
Sprichwörter 18,22

≈

Frage dich nicht: »Was fehlt mir noch? Welche Annehmlichkeiten könnte ich noch gebrauchen?« Sag auch nicht: »Ich habe alles und bin unabhängig. Welches Unglück könnte mich jetzt noch treffen?« Wenn es einem gut geht, vergisst man die schlechte Zeit. Und geht es einem schlecht, so vergisst man die Tage des Glücks.
Sirach 11,23–25

≈

Dies ist der Tag, den der Herr macht; lasst uns freuen und fröhlich an ihm sein.
Psalm 118,24 (Luth)

≈

Sät gute Taten aus, dann werdet ihr die Früchte eurer Treue ernten. Macht einen neuen Anfang wie der Bauer, der ein neues ausgeruhtes Stück Land unter den Pflug nimmt. Vergesst dabei nicht, euch von mir, dem Herrn, Weisung zu holen, dann werde ich euch mit Glück und Segen überschütten.
Hosea 10,12

≈

Ob einer essen und trinken kann und genießen, was er sich erarbeitet hat, dieses Glück hängt nicht von ihm selber ab: es ist ein Geschenk Gottes.

Kohelet 2,24

~

Ich will dich segnen und dir einen großen Namen machen, und du sollst ein Segen sein.

1. Mose 12,2 (Luth)

~

Wen Gott liebt, dem schenkt er Bildung, Wissen und Freude.

Kohelet 2,26

~

Freut euch immerzu!

1. Thessalonicher 5,16

~

Ihr, die ihr dem Herrn gehört, unterstellt euch ihm! Wer ihm gehorcht, kennt keine Not. Selbst starke Löwen leiden oftmals Hunger; doch wer zum Herrn kommt, findet alles, was er zum Leben nötig hat.

Psalm 34,10–11

~

Neun Beispiele von wahrem Glück kann ich aufzählen, aber am meisten preise ich das zehnte:
wenn man an seinen Kindern Freude haben kann;
wenn man den Sturz seiner Feinde erlebt;
wenn ein Mann mit einer verständigen Frau verheiratet ist;
wenn Mann und Frau ein besseres Gespann abgeben als
Ochse und Esel;
wenn einer nie durch seine Worte schuldig wird;

wenn man nicht für jemand arbeiten muss,
der weniger kann als man selbst;
wenn man einen wirklichen Freund findet;
wenn einer beim Reden aufmerksame Zuhörer hat
und wenn einer Weisheit erlangt hat. Dann ist er wahrhaft
groß geworden.
Aber keiner übertrifft den, der den Herrn ernst nimmt! Ein solcher Mensch ist mit niemand zu vergleichen, denn die Ehrfurcht
vor dem Herrn ist größer und wichtiger als alles.

Sirach 25,7–11

≈

Ehre den Herrn mit deinen Opfergaben; bringe ihm das Beste
vom Ertrag deiner Arbeit. Dann werden deine Kornspeicher sich
füllen und deine Weinfässer überlaufen.

Sprichwörter 3,9–11

≈

Darum achtet genau auf eure Lebensweise. Lebt nicht wie
Unwissende, sondern wie Menschen, die wissen, worauf es ankommt, und deshalb ihre Zeit in der rechten Weise nutzen.

Epheser 5,15–16

≈

Denkt daran: Wer spärlich sät, wird nur spärlich ernten. Aber
wer mit vollen Händen sät, auf den wartet eine reiche Ernte. Jeder soll so viel geben, wie er sich vorgenommen hat. Es soll ihm
nicht Leid tun, und er soll es nicht nur geben, weil er sich dazu
gezwungen fühlt. Gott liebt fröhliche Geber. Er kann euch so
reich beschenken, dass ihr jederzeit nicht nur genug habt für euch
selbst, sondern auch noch anderen reichlich Gutes tun könnt.

2. Korinther 9,6–8

≈

Freu dich, wenn du einen Glückstag hast. Und wenn du einen
Unglückstag hast, dann denke daran: Gott schickt dir beide, und
du weißt nicht, was als Nächstes kommt.

Kohelet 7,14

~

Da rief Jesus ein Kind herbei und stellte es in ihre Mitte und
sagte: »Ich versichere euch, wenn ihr euch nicht ändert und den
Kindern gleich werdet, dann könnt ihr in Gottes neue Welt
überhaupt nicht hineinkommen. Wer so wenig aus sich macht
wie dieses Kind, der ist in der neuen Welt Gottes der Größte.«

Matthäus 18,2–4

~

Lasst die Kinder zu mir kommen und wehret ihnen nicht; denn
solchen gehört das Reich Gottes.

Markus 10,14 (Luth)

~

Geht durch die enge Tür! Denn das Tor, das ins Verderben führt,
ist breit und die Straße dorthin ist bequem. Viele sind auf ihr un-
terwegs. Aber die Tür, die zum Leben führt, ist eng und der Weg
dorthin anstrengend. Nur wenige gehen ihn.

Matthäus 7,13–14

~

Ihr plagt euch mit den Geboten, die die Gesetzeslehrer euch
auferlegt haben. Kommt doch zu mir; ich will euch die Last abnehmen! Ich quäle euch nicht und sehe auf keinen herab. Stellt
euch unter meine Leitung und lernt bei mir; dann findet euer
Leben Erfüllung. Was ich anordne, ist gut für euch, und was ich
euch zu tragen gebe, ist keine Last.

Matthäus 11,28–30

~

Wer untadelig lebt, ist in Sicherheit; aber wer ein Doppelleben führt, kommt plötzlich zu Fall.
Sprichwörter 28,18

~

Es ist ein guter Augenblick, wenn man einem Freund oder Gefährten begegnet; aber noch mehr gilt das, wenn Mann und Frau einander begegnen.
Sirach 40,23

~

Das Wichtigste, das man zum Leben braucht, sind Wasser, Brot, Kleidung und ein Heim, wo man für sich sein kann. Lieber ein Leben in Armut unter dem eigenen Bretterdach als ein Schlemmerleben in fremden Häusern. Sei zufrieden mit dem wenigen oder vielen, was du hast; dann hörst du von niemandem den Vorwurf, ein fremder Eindringling zu sein. Von Haus zu Haus ziehen zu müssen, ist kein Leben.
Sirach 29,21–24

~

Jesus schloss: »So werden die Letzten die Ersten sein und die Ersten die Letzten.«
Matthäus 20,16

~

Jesus antwortete: »Ich bin der Weg, der zur Wahrheit und zum Leben führt. Einen anderen Weg zum Vater gibt es nicht.«
Johannes 14,6

~

Macht euch nicht zu Sklaven eurer Wünsche und Triebe!
Römer 13,14

~

Einmal kam ein Mann zu Jesus und fragte ihn: »Lehrer, was muss ich Gutes tun, um das ewige Leben zu bekommen?« »Warum fragst du mich, was gut ist?« antwortete Jesus. »Es gibt nur Einen, der gut ist! Wenn du bei ihm leben willst, dann befolge seine Gebote.« »Welche Gebote?« fragte der Mann. Jesus antwortete: »Morde nicht, zerstöre keine Ehe, beraube niemand, sag nichts Unwahres, ehre deinen Vater und deine Mutter und liebe deinen Mitmenschen wie dich selbst.« »Ich habe alle diese Gebote befolgt«, erwiderte der junge Mann. »Was muss ich noch tun?« Jesus sagte zu ihm: »Wenn es dir ums Ganze geht, dann verkaufe deinen Besitz und gib das Geld den Armen, so wirst du bei Gott einen unverlierbaren Reichtum haben. Und dann geh mit mir!« Als der junge Mann das hörte, ging er traurig weg, denn er war sehr reich. Da sagte Jesus zu den Jüngern: »Wahrhaftig, ein Reicher hat es schwer, in die neue Welt Gottes zu kommen. Ich sage es euch noch einmal: Eher kommt ein Kamel durch ein Nadelöhr, als ein Reicher in Gottes neue Welt.«
Matthäus 19,16–24

~

Säe in den Furchen kein Unrecht aus, sonst wächst in den Furchen eine siebenmal schlimmere Ernte.
Sirach 7,3

~

Wer anderen Güte und Liebe erweist, der findet ein erfülltes Leben, Gegenliebe und Ansehen.
Sprichwörter 21,21

~

Wer sein Leben festhalten will, wird es verlieren. Wer es aber um meinetwillen verliert, der wird es gewinnen.
Matthäus 10,39

Trost

Wenn mir das Herz von tausend Sorgen schwer war, hast du mich getröstet und wieder froh gemacht.
Psalm 94,19

∽

Ganz ruhig kann ich mich schlafen legen, weil du mich beschützt, bis ich morgens erwache.
Psalm 3,6

∽

Erprobt es doch selbst und erlebt es: Der Herr ist gütig! Wie glücklich sind alle, die bei ihm Zuflucht suchen.
Psalm 34,9

∽

Der Herr sprach: »Ich werde dir beistehen. Ich bewahre dich, wo du auch hingehst, und bringe dich wieder in dieses Land zurück. Ich lasse dich nicht im Stich. Alles, was ich versprochen habe, werde ich tun.«
1. Mose 28,15

∽

Wie der Hirsch lechzt nach frischem Wasser, so schreit meine Seele, Gott, zu dir.
Psalm 42,2 (Luth)

Ich blicke hinauf zu den Bergen;
denn von dort erwarte ich Hilfe.
Meine Hilfe kommt vom Herrn,
der Himmel und Erde gemacht hat!
Höre: Der Herr lässt nicht zu,
dass du zu Fall kommst.
Er gibt immer auf dich Acht.
Er, der Beschützer Israels,
wird nicht müde und schläft nicht ein;
er sorgt auch für dich.
Der Herr ist bei dir, hält die Hand über dich,
damit dich die Hitze der Sonne nicht quält
und der Mond dich nicht krank macht.
Der Herr wendet Gefahr von dir ab
und bewahrt dein Leben.
Was immer du tust: er wird dich beschützen,
vom Anfang bis zum Ende,
jetzt und in aller Zukunft!
Psalm 121,1–8

❧

Wer dem Herrn treu bleibt, geht durch viele Nöte, aber aus
allen befreit ihn der Herr.
Psalm 34,20

❧

Doch denen, die umkehren, gewährt er Zutritt zu sich. Er spricht
all denen Mut zu, die nicht genug Kraft zum Durchhalten haben.
Sirach 17,24

❧

Der Herr ist mein Hirte, mir wird nichts mangeln.
Er weidet mich auf einer grünen Aue

und führet mich zum frischen Wasser.
Er erquicket meine Seele.
Er führet mich auf rechter Straße
um seines Namens willen.
Und ob ich schon wanderte im finstern Tal,
fürchte ich kein Unglück;
denn du bist bei mir,
dein Stecken und Stab trösten mich.
Du bereitest vor mir einen Tisch
im Angesicht meiner Feinde.
Du salbest mein Haupt mit Öl
und schenkest mir voll ein.
Gutes und Barmherzigkeit
werden mir folgen mein Leben lang,
und ich werde bleiben im Hause des Herrn immerdar.

Psalm 23,1–6 (Luth)

∽

Du Herr, bist mein Fels, meine Burg, mein Retter,
du Gott, bist meine sichere Zuflucht,
mein Beschützer, mein starker Helfer,
meine Festung auf steiler Höhe.
Zu dir kann ich fliehen,
du rettest mich vor aller Gewalt.

2. Samuel 22,2–3

∽

Weinen ist besser als Lachen. Wer traurig ist, kennt das Leben.

Kohelet 7,3

∽

Niemals werde ich dir meine Hilfe entziehen, nie dich im Stich lassen.

Josua 1,5

Der Herr ist mein Licht,
er befreit mich und hilft mir;
darum habe ich keine Angst.
Bei ihm bin ich sicher wie in einer Burg;
darum zittere ich vor niemand.
Psalm 27,1

~

Die mit Tränen säen, werden mit Freuden ernten.
Sie gehen hin und weinen und streuen ihren Samen
und kommen mit Freuden und bringen ihre Garben.
Psalm 126,5–6 (Luth)

~

Ich liebe den Herrn,
denn er hört mich,
wenn ich zu ihm um Hilfe schreie.
Er hat ein offenes Ohr für mich;
darum bete ich zu ihm, solange ich lebe.

Ich war gefangen in den Fesseln des Todes,
die Schrecken der Totenwelt griffen nach mir,
Angst und Verzweiflung quälten mich.
Da schrie ich zu ihm:
»Herr, rette mein Leben!«

Er ist voll Liebe und hält sein Versprechen,
voll Erbarmen ist unser Gott.
Der Herr schützt alle,
die sich nicht helfen können.
Ich war schwach, und er hat mir geholfen.
Nun kann ich wieder zur Ruhe kommen,
denn der Herr ist gut zu mir gewesen.

Herr, du hast mich vom drohenden Tod gerettet,
den Strom meiner Tränen versiegen lassen
und meine Füße vor dem Abgrund zurückgehalten.
Ich darf in der Welt der Lebenden bleiben
und in deiner Nähe weiterleben.

Ich habe dem Herrn vertraut,
auch als ich klagte:
»Ich liege ganz am Boden!«
In meiner Ratlosigkeit sagte ich:
»Auf keinen Menschen ist Verlass!«
Wie kann ich dem Herrn vergelten,
was er für mich getan hat?
Ich will es vor der Gemeinde bekennen
und den Becher erheben, um ihm zu danken.
Was ich ihm versprochen habe, löse ich ein
in Gegenwart seines ganzen Volkes.
Der Herr lässt die Seinen nicht untergehen,
dafür ist ihm ihr Leben zu wertvoll.
Psalm 116,1–15

∼

Gelobt sei der Herr täglich. Gott legt uns eine Last auf, aber er
hilft uns auch.
Psalm 68,20 (Luth)

∼

Herr!
Hast du mich für immer vergessen?
Wie lange willst du dich denn noch verbergen?
Wie lange sollen mich die Sorgen quälen,
der Kummer Tag für Tag an meinem Herzen nagen?
Wie lange dürfen mich die Feinde noch bedrängen?

Sieh mich doch wieder an, Herr!
Gib mir doch Antwort, du mein Gott!
Mach es wieder hell vor meinen Augen,
damit ich nicht in Todesnacht versinke!
Sonst sagen meine Feinde: »Den haben wir erledigt!«,
und jubeln über meinen Sturz.

Doch ich verlasse mich auf deine Liebe,
ich juble über deine Hilfe.
Mit meinem Lied will ich dir danken, Herr,
weil du so gut zu mir gewesen bist.
Psalm 13,1–6

Dies alles habe ich euch gesagt, damit ihr in meinem Frieden
geborgen seid; denn in der Welt wird man euch hart zusetzen.
Verliert nicht den Mut: Ich habe die Welt besiegt!
Johannes 16,33

Wer durstig ist, soll kommen, und wer von dem Wasser des
Lebens trinken möchte, wird es geschenkt bekommen.
Offenbarung 22,17

Ich preise den Herrn, der mir sagt, was ich tun soll;
auch nachts erinnert mich mein Herz an seinen Rat.
Er ist mir nahe, das ist mir immer bewusst.
Er steht mir zur Seite, darum fühle ich mich sicher.
Ich weiß mich beschützt und geborgen,
darum bin ich voll Freude und Dank.
Psalm 16,7–9

Auch wenn ich Leib und Leben verliere, du, Gott, hältst mich;
du bleibst mir für immer.
Psalm 73,26

~

Ich schreie zum Herrn, so laut ich kann,
ich bitte den Herrn um Hilfe.
Ihm klage ich meine Not,
ihm sage ich, was mich quält.

Auch wenn ich selber allen Mut verliere,
du, Herr, weißt, wie's mit mir weitergeht!
Auf dem Weg, den ich gehen muss,
hat man mir Schlingen gelegt.
Ich schaue mich um:
da ist keiner, der mich beachtet.
Ich habe keine Zuflucht mehr,
keinen Menschen, der sich um mich kümmert.

Zu dir, Herr, schreie ich!
Ich sage: Du bist meine Zuflucht,
du gibst mir alles, was ich zum Leben brauche!
Höre mein Schreien, ich bin völlig am Ende!
Rette mich vor meinen Verfolgern,
sie sind zu stark für mich!
Befreie mich aus dem Gefängnis!
Im Kreise derer, die dir die Treue halten,
werde ich dir dafür danken, Herr,
dass du so gut zu mir gewesen bist.
Psalm 142,1–8

~

Selig sind, die da geistlich arm sind;
denn ihrer ist das Himmelreich.

Selig sind, die da Leid tragen;
denn sie sollen getröstet werden.

Selig sind die Sanftmütigen;
denn sie werden das Erdreich besitzen.

Selig sind, die da hungert und dürstet nach der Gerechtigkeit;
denn sie sollen satt werden.

Selig sind die Barmherzigen;
denn sie werden Barmherzigkeit erlangen.

Selig sind, die reinen Herzens sind;
denn sie werden Gott schauen.

Selig sind die Friedfertigen;
denn sie werden Gottes Kinder heißen.

Selig, die um der Gerechtigkeit willen verfolgt werden;
denn ihrer ist das Himmelreich.

Matthäus 5,3–10 (Luth)

Gebet

Wenn ihr betet, dann leiert nicht endlos Gebetsworte herunter wie die Heiden. Sie meinen, sie könnten bei Gott etwas erreichen, wenn sie besonders viele Worte machen. Ihr sollt es anders halten. Euer Vater weiß, was ihr braucht, bevor ihr ihn bittet.
Matthäus 6,7–8

∼

Lasst nicht nach im Beten. Dankt Gott in jeder Lebenslage.
1. Thessalonicher 5,17–18

∼

Bleibt wach und betet, damit ihr in der kommenden Prüfung nicht versagt. Den guten Willen habt ihr, aber ihr seid nur schwache Menschen.
Matthäus 26,41

∼

Segnet die, die euch verfluchen, und betet für alle, die euch schlecht behandeln.
Lukas 6,28

∼

Aber wenn ihr betet, dann sollt ihr euren Mitmenschen verzeihen, falls ihr etwas gegen sie habt, damit euer Vater im Himmel euch eure Verfehlungen auch vergibt.
Markus 11,25

Seid fröhlich in der Hoffnung, standhaft in aller Bedrängnis, unermüdlich im Gebet.

Römer 12,12

~

Hat einer von euch Schweres zu ertragen? Dann soll er beten. Ist jemand glücklich? Dann soll er Loblieder singen. Ist einer von euch krank? Dann soll er die Ältesten der Gemeinde rufen, damit sie für ihn beten und ihn im Namen des Herrn mit Öl salben. Ihr vertrauensvolles Gebet wird den Kranken retten.

Jakobus 5,13–15

~

Lass dir viel Zeit beim Beten; aber beeil dich, den Armen zu helfen!

Sirach 7,10

~

Wenn zwei von euch auf der Erde gemeinsam um irgendetwas bitten, wird es ihnen von meinem Vater im Himmel gegeben werden. Denn wo zwei oder drei in meinen Namen zusammenkommen, da bin ich selbst in ihrer Mitte.

Matthäus 18,19–20

~

Wenn ihr betet, dann tut es nicht wie die Scheinheiligen! Sie stellen sich gern zum Gebet in den Synagogen und an den Straßenecken auf, damit sie von allen gesehen werden. Ich versichere euch: sie haben ihren Lohn schon kassiert. Wenn du beten willst, dann geh in dein Zimmer, schließ die Tür zu und bete zu deinem Vater, der im Verborgenen ist. Dein Vater, der auch das Verborgenste sieht, wird dich dafür belohnen.

Matthäus 6,5–6

~

Darum sollt ihr so beten:
Unser Vater im Himmel!
Dein Name werde geheiligt.
Dein Reich komme.
Dein Wille geschehe wie im Himmel so auf Erden.
Unser tägliches Brot gib uns heute.
Und vergib uns unsere Schuld,
wie auch wir vergeben unseren Schuldigern.
Und führe uns nicht in Versuchung,
sondern erlöse uns von dem Bösen.
Denn dein ist das Reich und die Kraft
                 und die Herrlichkeit in Ewigkeit.
Amen.
Matthäus 6,9–13 (Luth)

Weisheit

Erwirb Klugheit und Weisheit!
Sprichwörter 4,5

~

Wahrheit und Weisheit, Einsicht und Herzensbildung sind es wert, dass du sie dich etwas kosten lässt.
Sprichwörter 23,23

~

Das Streben nach Weisheit beginnt mit dem aufrichtigen Verlangen, etwas zu lernen.
Weisheit 6,17

~

Um Weisheit zu erlangen, braucht ein Weisheitslehrer viel Zeit zum Studieren. Die aber hat er nur, wenn er sich nicht mit anderen Arbeiten abgeben muss.
Sirach 38,24

~

Die Weisheit ist strahlend und unvergänglich. Wer sie liebt, dem gibt sie sich schnell zu erkennen. Sie lässt sich finden von dem, der sie sucht. Sie kommt denen zuvor, die nach ihr verlangen. Wer am Morgen früh aufsteht, um ihr zu begegnen, dem macht sie es leicht: Sie sitzt schon vor seiner Tür. Wer über sie nachdenkt, besitzt vollendete Klugheit, und wer ihretwegen

schlaflose Nächte hat, wird rasch alle Sorgen los sein. Sie geht selbst umher und sucht die Menschen, die ihrer würdig sind. Freundlich tritt sie ihnen auf dem Weg entgegen, und bei jedem Nachdenken zeigt sie sich ihnen.
Weisheit 6,12–16

Wie glücklich ist, wer die Weisheit gefunden und Erkenntnis erlangt hat.
Sprichwörter 3,13

Ob einer weise ist, liegt nicht am Alter; was recht ist, weiß man nicht aufgrund der Jahre.
Ijob 32,9

Wer klug und tüchtig werden will, muss vor allem Gott ernst nehmen. Wer ihn missachtet, verachtet auch die Lebensklugheit und lässt sich nichts sagen.
Sprichwörter 1,7

Suche nach der Weisheit wie nach Silber, wie nach vergrabenen Schätzen.
Sprichwörter 2,4

Weisheit ist das Allerwichtigste; darum gib notfalls alles hin, um sie zu erwerben.
Sprichwörter 4,7

Weisheit besitzen ist besser als Silber, wertvoller als das reinste Gold. Sie ist kostbarer als Edelsteine, nichts, was man sich wünschen könnte, ist mit ihr vergleichbar. Sie bringt ihrem Besitzer langes Leben, Wohlstand und Ansehen. Sie erfüllt sein Leben mit Glück und Sicherheit. Sie ist der wahre »Baum des Lebens«; wer sie erlangt und festhält, kann sich glücklich preisen!

Sprichwörter 3,14–18

~

Denn obwohl Gottes Weisheit sich in der ganzen Schöpfung zeigt, haben die Menschen mit ihrer eigenen Weisheit Gott nicht erkannt.

1. Korinther 1,21

~

Wissen und Erfahrung sind ebenso viel wert wie Besitz, ja, sie werfen sogar noch Gewinn ab. Sie geben genauso viel Sicherheit wie Geld und sie bringen noch mehr: Sie erhalten ihren Besitzer am Leben.

Kohelet 7,11–12

~

Weisheit adelt einen Armen und gibt ihm einen Ehrenplatz unter den Großen.

Sirach 11,1

~

Ich wusste aber, dass ich nur in den Besitz der Weisheit kommen könnte, wenn Gott sie mir schenkte. Schon dieses Wissen, dass sie Gottes Gabe ist, verdankte ich der Weisheit. So wandte ich mich im Gebet an den Herrn und bat ihn von ganzem Herzen, mir Weisheit zu schenken.

Weisheit 8,21

~

Lehne nur alle Zurechtweisung ab, dann bleibt dir auch das Wissen fern.

Sprichwörter 19,27

~

Guter Rat liegt tief im Herzen eines Menschen wie Wasser in einem Brunnen; wer Erfahrung hat, holt ihn herauf.

Sprichwörter 20,5

~

Anfangs führt dich die Weisheit auf gewundenen Pfaden. Sie erschreckt dich so sehr, dass du Angst hast weiterzugehen. Ihre strenge Erziehung ist Qual für dich. Mit ihren Forderungen stellt sie dich so lange auf die Probe, bis sie dir völlig vertrauen kann. Dann aber kommt sie auf dem geradesten Weg zu dir, enthüllt dir ihre Geheimnisse und erfüllt dich mit Freude. Doch wenn du von ihrem Weg abkommst, zieht sie sich zurück und lässt dich in dein Verderben laufen.

Sirach 4,17–19

~

Im Herzen der Verständigen ist die Weisheit zu Hause, das erkennen sogar die Unverständigen.

Sprichwörter 14,33

~

Tief wie das Meer sind die Worte eines weisen Menschen, unerschöpflich wie ein sprudelnder Bach, eine Quelle der Weisheit.

Sprichwörter 18,4

~

Mein Sohn, wenn du lernen willst, dann kannst du es auch. Wenn du dazu entschlossen bist, kannst du klug und geschickt werden.

Sirach 6,32

Wenn du gerne zuhörst, wirst du lernen und weise werden. Geh dorthin, wo die Alten beieinander sitzen. Und wenn du einen Weisen unter ihnen findest, halte dich zu ihm!
Sirach 6,33–34

Wenn es dir um Weisheit geht, musst du dich anstrengen wie ein Bauer, der seinen Acker pflügt und besät; dann kannst du auch eine reiche Ernte erwarten. Es kostet einige Mühe, Weisheit zu erwerben; aber schon bald wirst du ihre Früchte genießen. Für einen Dummkopf sind ihre Anforderungen zu schwer; wer keinen Verstand hat, hält es nicht bei ihr aus. Sie kommt ihm vor wie ein großer Stein, an dem er seine Kraft messen soll; darum lässt er sie schnell wieder fallen. Die Weisheit ist, wie ihr Name sagt, nur etwas für Weise; darum bekommen nur wenige sie zu sehen.
Sirach 6,19–21

Halte sie in Ehren, dann wird sie dich zu Ehren bringen. Wende ihr deine Liebe zu, und sie wird dir Ansehen verschaffen.
Sprichwörter 4,8

Mit Weisheit hat Gott die Erde gegründet, mit Verstand das Himmelsgewölbe gebaut. Sein Wissen ließ die Flüsse aus der Tiefe quellen und Regen aus den Wolken rieseln.
Sprichwörter 3,19–20

Mein Sohn, lass dich stets von der Besonnenheit und Klugheit leiten, trenne dich nie von ihnen!
Sprichwörter 3,21

Betrachte die Weisheit als deine Schwester und die Einsicht als
deine beste Freundin.
Sprichwörter 7,4

～

Hört doch! Die Weisheit ruft,
die Einsicht lässt ihre Stimme erschallen.
Erhöht und weithin sichtbar steht sie an den
Straßen und da, wo sich Wege kreuzen.
Sie stellt sich an die Tore der Stadt,
an ihren Eingängen ruft sie aus:
»Ihr Männer, ich habe euch etwas zu sagen!
An alle Menschen wende ich mich.
Ihr Grünschnäbel, lernt reif zu werden!
Ihr Ungebildeten, werdet klug!
Hört mir zu – es ist äußerst wichtig!
Was ich sage, stimmt genau,
aus meinem Mund hört ihr die Wahrheit.
Böses auszusprechen ist mir verhasst.
Meine Worte sind wahr und ehrlich,
es ist keine Falschheit und Hinterlist darin.
Sie sind klar für den, der verstehen kann,
und eindeutig für jeden, der Erkenntnis hat.
Sucht meine Unterweisung, nicht Silberschmuck.
Fragt nach Wissen statt nach Schmuck aus Gold!
Ihr wisst doch: ›Weisheit ist besser als Juwelen,
sie ist mit nichts vergleichbar,
was ein Mensch sich wünschen könnte!‹

Ich bin die Weisheit. Ich bin vertraut mit der
Klugheit und weiß umsichtig zu überlegen.
Dem Herrn gehorchen heißt: Das Böse hassen.
Ich hasse Überheblichkeit und Hochmut,
unrechtes Tun und lügnerisches Reden.

Ich mache Pläne und führe sie auch aus;
ich habe die Einsicht und auch die Macht.
Mit meiner Hilfe regieren die Könige und
treffen die Herrscher gerechte Entscheidungen.
Durch mich regieren die Mächtigen und die Großen,
alle, die für das Recht zu sorgen haben.

Wer mich liebt, den liebe ich auch.
Wer mich sucht, der wird mich finden.
Reichtum und Ehre habe ich zu bieten,
bleibenden Besitz und Erfolg.
Was man von mir bekommt,
ist besser als das feinste Gold,
wertvoller als das reinste Silber.
Wo man nach Gottes Willen fragt
und einander gerecht behandelt,
dort bin ich mit Sicherheit zu finden,
um denen, die mich lieben, Besitz zu geben
und ihre Häuser mit Schätzen zu füllen.

Der Herr hat mich vor langer Zeit geschaffen,
ich war sein erstes Werk vor allen anderen.
In grauer Vorzeit hat er mich gemacht,
am Anfang, am Beginn der Welt.
Als ich geboren wurde, gab es noch kein Meer,
und keine Quelle brach aus der Tiefe hervor.
Der Grund der Berge war noch nicht gelegt,
die Hügel noch nicht entstanden.
Die Erde hatte Gott noch nicht gemacht,
vom festen Land und seinen Feldern war noch
nicht das Geringste zu sehen.
Ich war dabei, als er den Himmel wölbte
und die Kreise des Horizonts festlegte
über den Tiefen des Ozeans,

als er die Wolken hoch oben zusammenzog
und die Quellen aus der Tiefe sprudeln ließ,
als er dem Meer die Grenze bestimmte,
die seine Fluten nicht überschreiten dürfen,
als er die Fundamente der Erde abmaß –
da war ich als Kind an seiner Seite,
ich freute mich und spielte vor ihm;
ich spielte Tag für Tag auf seiner Erde
und hatte meine Freude an den Menschen.

Deshalb, ihr jungen Männer, hört auf mich!
Wie glücklich sind alle, die mir folgen!
Schlagt meine Unterweisung nicht in den Wind,
sondern nehmt sie an und werdet klug!
Wie glücklich ist jeder, der mir zuhört,
der jeden Tag an meiner Haustür steht und
an der Schwelle auf mich wartet.
Wer mich findet, der findet das Leben,
und der Herr hat Freude an ihm.
Doch wer mich verfehlt, der schadet sich selbst.
Alle, die mich hassen, lieben den Tod.«
Sprichwörter 8,1–36

~

Frau Torheit ist eine schamlose Dirne, eine vorlaute, aufdring-
liche Schwätzerin. Vor ihrem Haus am Marktplatz der Stadt
sitzt sie an der Tür auf einem Stuhl und sagt zu jedem, der vor-
übergeht: »Wer unerfahren ist, soll zu mir kommen! Wer etwas
lernen will, ist eingeladen! Verbotenes Wasser ist süß! Brot, das
man im Verborgenen essen muss, schmeckt am allerbesten!«
Doch wer ihrer Einladung Folge leistet, weiß nicht, dass drinnen
an ihrem Tisch die Geister der Toten sitzen. Wer die Schwelle
ihres Hauses überschreitet, betritt damit die Totenwelt.
Sprichwörter 9,13–18

Frau Weisheit hat sich ein Haus gebaut mit sieben prächtigen Säulen. Zum Fest hat sie Rinder schlachten lassen, den Wein mit feinen Gewürzen vermischt und ihren Tisch für das Mahl gedeckt. Nun schickt sie ihre Dienerinnen; sie gehen auf den Marktplatz der Stadt und rufen im Auftrag ihrer Herrin aus: »Wer unerfahren ist, soll zu mir kommen! Wer etwas lernen will, ist eingeladen. Kommt in mein Haus, esst und trinkt, was ich für euch zubereitet habe. Wer unwissend bleiben will, den lasst stehen! Kommt, betretet den Weg zur Einsicht. Der Lohn dafür ist ein erfülltes Leben.«
Sprichwörter 9,1–6

~

Wer einen Eingebildeten zurechtweist, erntet dafür nur Verachtung. Und wer einen verbrecherischen Menschen tadelt, bekommt von ihm nur Beschimpfungen zurück. Tadle keinen Eingebildeten, er würde dich deswegen hassen. Wenn du aber einem Gebildeten seine Fehler zeigst, wird er dich dafür lieben. Belehre den Klugen, dann wird er noch klüger.
Sprichwörter 9,7–9

~

Durch die Weisheit wird dein Leben verlängert. Wenn du klug und erfahren wirst, hast du selber den Nutzen davon. Wenn du aber ein eingebildeter Spötter bist, musst du selber die Folgen tragen.
Sprichwörter 9,11–12

~

Aber die Weisheit Gottes wird bestätigt durch alle, die für sie offen sind.
Lukas 7,35

~

Leg dir selbst die Fesseln der Weisheit um die Füße und ihren eisernen Ring um den Hals! Nimm sie auf die Schultern und trage sie, ärgere dich nicht über ihre Stricke! Lass dich mit deinem ganzen Willen auf sie ein und folge ihr mit deiner ganzen Kraft! Geh ihren Spuren nach und suche sie; sie wird sich dir zu erkennen geben. Und wenn du sie ergriffen hast, dann lass sie nicht wieder los! Am Ende wirst du bei ihr Ruhe finden und deine Mühe wird sich in Freude verwandeln.

Sirach 6,24–28

≈

Klugheit und Verstand sind ein sicheres Fundament, auf dem du dein Haus errichten kannst, und Wissen füllt seine Räume mit wertvollen und schönen Dingen.

Sprichwörter 24,3–4

≈

Weisheit [...] ist gut für dein ganzes Leben. Wenn du sie erwirbst, dann kannst du hoffnungsvoll in die Zukunft blicken, und deinem Glück steht nichts mehr im Weg.

Sprichwörter 24,14

≈

Gott handelt gegen alle Vernunft – und ist doch weiser als alle Menschen! Gott zeigt sich schwach – und ist doch stärker als alle Menschen.

1. Korinther 1,25

≈

Ich wollte herausfinden, was Wissen wert ist und ob der Mensch die Ursachen dessen, was auf der Erde geschieht, begreifen kann. Aber ich musste einsehen: Ein Mensch kann das, was Gott tut und was er unter der Sonne geschehen lässt, niemals in seinem Zusammenhang wahrnehmen, selbst wenn er Tag und Nacht

kein Auge zumacht. Mag er sich noch so abmühen, den Zusammenhang der Dinge durchschaut er nicht. Und wenn ein Philo-
soph es anders behauptet, dann irrt er.
Kohelet 8,16–17

Mensch und Schöpfer

Ich bin das A und O, der Erste und der Letzte, der Anfang und das Ende.
Offenbarung 22,13 (Luth)

∽

Du hast einen Plan für mein Leben; lass mich ihn erkennen!
Psalm 5,9

∽

Das Ergebnis meines ganzen Forschens war: Gott hat die Menschen einfach und aufrichtig geschaffen, aber manche wollen alles kompliziert haben.
Kohelet 7,29

∽

Der Mensch macht Pläne; ob sie ausgeführt werden, bestimmt Gott.
Sprichwörter 16,9

∽

Was könnt ihr denn ohne den Herrn erreichen? In aller Früh steht ihr auf und arbeitet bis tief in die Nacht; mit viel Mühe bringt ihr zusammen, was ihr zum Leben braucht. Seinen Freunden gibt Gott alles im Schlaf!
Psalm 127,2

∽

Was den Menschen unmöglich ist, das kann Gott möglich machen.
Lukas 18,27

~

Ich vermag alles durch den, der mich mächtig macht.
Philipper 4,13 (Luth)

~

Darum soll man nicht fragen: »Was ist denn dies?« Und auch nicht: »Wozu ist das da gut?« Denn alles, was er schuf, hat seinen Zweck.
Sirach 39,21

~

Als ich mich sicher fühlte, dachte ich: »Was kann mir schon geschehen?« Durch deine Güte, Herr, stand ich fester als die Berge. Doch dann verbargst du dich vor mir und stürztest mich in Angst und Schrecken.
Psalm 30, 7–8

~

Vor langer Zeit hast du die Erde gegründet, den Himmel hast du mit eigener Hand gemacht. Sie werden vergehen, du aber bleibst.
Psalm 102,26–27

~

Ich lasse dich nicht, du segnetest mich denn.
1. Mose 32,27 (Luth)

~

Ich bin der Herr, der Gott aller Menschen. Sollte mir etwas unmöglich sein?
Jeremia 32,27

Am Anfang, als der Herr den Menschen schuf, hat er ihm die Freiheit zur eigenen Entscheidung gegeben. Wenn du willst, kannst du seine Gebote befolgen. Von deiner Entscheidung hängt es ab, ob du ihm die Treue hältst. Er hat Feuer und Wasser vor dich gelegt; du selbst hast die Wahl, welches von beiden du nehmen willst. Du kannst wählen zwischen Leben und Tod und bekommst, was du wählst. Die Weisheit des Herrn und seine Macht sind groß, und er sieht alles. Er weiß alles, was ein Mensch tut. Freundlich blickt er auf die, die ihm gehorchen. Er hat keinem befohlen, schlecht zu sein, und keinem erlaubt, Unrecht zu tun.

Sirach 15,14–20

~

Gott hat seinen Engeln befohlen, dich zu beschützen, wohin du auch gehst.
Sie werden dich auf Händen tragen, damit du nicht über Steine stolperst.

Psalm 91,11–12

~

Eure Rettung ist nahe«, sagt der Herr. »Denn meine Gedanken sind nicht zu messen an euren Gedanken und meine Möglichkeiten nicht an euren Möglichkeiten. So hoch der Himmel über der Erde ist, so weit reichen meine Gedanken hinaus über alles, was ihr euch ausdenkt, und so weit übertreffen meine Möglichkeiten alles, was ihr für möglich haltet.«

Jesaja 55,8

~

Du weißt nicht, wann der Wind seine Richtung ändert. Du siehst nicht, wie sich das Kind im Mutterleib entwickelt. Genauso wenig verstehst du, was Gott tut.

Kohelet 11,5

Vom Herrn kommt alles: Glück und Unglück, Leben und Tod,
Armut und Reichtum.
Sirach 11,14

Klugheit, Scharfsinn und Einsicht richten nichts aus, wenn man
es mit Gott zu tun bekommt.
Sprichwörter 21,30

Das sagte Jesus: »Dann gebt dem Kaiser, was dem Kaiser gehört,
aber gebt Gott, was Gott gehört.«
Matthäus 22,21

Gott ernst nehmen ist eine Quelle des Lebens; denn dadurch
vermeidet man tödliche Fehler.
Sprichwörter 14,27

Herr, zeige mir den richtigen Weg, damit ich in Treue zu dir
mein Leben führe! Lass es meine einzige Sorge sein, dich zu ehren und dir zu gehorchen! Herr, mein Gott, von ganzem Herzen
will ich dir danken und allezeit deinen Ruhm verkünden; denn
du bist überaus gut zu mir gewesen: Du hast mein Leben gerettet aus der untersten Totenwelt.
Psalm 86,11–13

Menschen werfen das Los, aber die Entscheidung kommt von
Gott.
Sprichwörter 16,33

Freuen darf sich, wer auf die Probe gestellt wird und besteht;
denn Gott wird ihm den Siegeskranz geben: das ewige Leben,
das er allen versprochen hat, die ihn lieben.
Wenn ein Mensch in Versuchung geführt wird, darf er nicht sagen: »Gott hat mich in Versuchung geführt.« Gott kann nicht
zum Bösen verführt werden, und er selbst verführt keinen.
Es sind die eigenen Wünsche, die den Menschen ködern und
fangen.
Jakobus 1,12–15

~

Ich habe über alles nachgedacht und bin zu der Einsicht gekommen, dass auch der Erfahrene und Rechtschaffene in allem, was
er tut, von Gott abhängig ist. Nicht einmal, warum er liebt oder
hasst, weiß er. Alle trifft das gleiche Schicksal, ob sie nun Gottes
Gebote befolgen oder sie übertreten, Gutes oder Böses tun, sich
rein halten oder sich beflecken, Gott Opfer darbringen oder nicht.
Kohelet 9,1–2

~

Herr, du durchschaust mich,
du kennst mich durch und durch.
Ob ich sitze oder stehe, du weißt es,
du kennst meine Pläne von ferne.
Ob ich tätig bin oder ausruhe, du siehst mich;
jeder Schritt, den ich mache, ist dir bekannt.
Noch ehe ein Wort mir auf die Zunge kommt,
hast du, Herr, es schon gehört.
Von allen Seiten umgibst du mich,
ich bin ganz in deiner Hand.
Dass du mich so vollständig kennst,
das übersteigt meinen Verstand;
es ist mir zu hoch, ich kann es nicht fassen.
Psalm 139,1–6

Durchforsche mich, Gott, sieh mir ins Herz, prüfe meine Wünsche und Gedanken! Und wenn ich in Gefahr bin, mich von dir zu entfernen, dann bring mich zurück auf den Weg zu dir!
Psalm 139, 23–24

~

Wohin kann ich gehen, um dir zu entrinnen,
wohin fliehen, damit du mich nicht siehst?
Steige ich hinauf in den Himmel – du bist da.
Verstecke ich mich in der Totenwelt – dort bist du auch.
Fliege ich dorthin, wo die Sonne aufgeht,
oder zum Ende des Meeres, wo sie versinkt:
auch dort wird deine Hand nach mir greifen,
auch dort lässt du mich nicht los.
Sage ich: »Finsternis soll mich bedecken,
rings um mich werde es Nacht« –
für dich ist auch die Finsternis nicht dunkel,
und die Nacht ist so hell wie der Tag.
Psalm 139, 7–12

~

Dreimal habe ich zum Herrn gebetet, dass er mich davon befreit. Aber er hat mir gesagt: »Du brauchst nicht mehr als meine Gnade. Je schwächer du bist, desto stärker erweist sich an dir meine Macht.« Jetzt trage ich meine Schwäche gern, ja ich bin stolz darauf, damit die Kraft Christi sich an mir erweisen kann.
2. Korinther 12,8–9

~

Macht euch nichts vor. Gott lässt keinen Spott mit sich treiben. Jeder wird ernten, was er gesät hat.
Galater 6,7

~

Wer seine Verfehlungen verheimlichen will, dem gelingt nichts; wer sein Unrecht bekennt und aufgibt, der findet Gottes Erbarmen.
Sprichwörter 28,13

~

Der Herr wird meine Sache hinausführen. Herr, deine Güte ist ewig. Das Werk deiner Hände wollest du nicht lassen.
Psalm 138,8 (Luth)

~

Fürchte dich nicht, ich stehe dir bei! Hab keine Angst, ich bin dein Gott! Ich mache dich stark, ich helfe dir, ich schütze dich mit meiner siegreichen Hand.
Jesaja 41,10

~

Der Herr segne dich und behüte dich;
der Herr lasse sein Angesicht leuchten über dir und sei dir gnädig;
der Herr hebe sein Angesicht über dich und gebe dir Frieden.
4. Mose 6,24–26 (Luth)

~

Wie rätselhaft sind mir deine Gedanken, Gott,
und wie unermesslich ist ihre Fülle!
Sie sind zahlreicher als der Sand am Meer.
Psalm 139,17

~

Wie unerschöpflich ist Gottes Reichtum!
Wie unergründlich tief ist seine Weisheit!
Wie unerforschlich ist alles, was er tut!
Ob er verurteilt oder Gnade erweist –
in beidem ist er gleich unbegreiflich.

Wer kennt die Gedanken des Herrn?
Braucht er etwa einen, der ihn berät?
Wer hat Gott jemals etwas gegeben,
wofür er eine Gegenleistung fordern könnte?
Römer 11,33–35

~

Gott hat alle Dinge geschaffen. Sie bestehen durch ihn und
haben in ihm ihr Ziel.
Römer 11,36

~

Gott gehorchen ist ein Weg zum Leben, eine gut gebaute Straße
ohne tödliche Gefahren.
Sprichwörter 12,28

~

Unsere Hilfe kommt vom Herrn, der Himmel und Erde geschaffen hat;
er ist für uns da!
Psalm 124,8

~

Berge mögen von ihrer Stelle weichen und Hügel wanken, aber
meine Liebe zu dir kann durch nichts erschüttert werden, und
meine Friedenszusage wird niemals hinfällig. Das sage ich, der
Herr, der dich liebt.
Jesaja 54,10

~

Auf dich verließen sich unsere Väter,
sie vertrauten dir, und du hast sie gerettet.
Sie schrien zu dir und wurden befreit;
sie hofften auf dich und wurden nicht enttäuscht.

Doch ich bin kaum noch ein Mensch,
ich bin ein Wurm, von allen verhöhnt und verachtet.
Wer mich sieht, macht sich über mich lustig,
verzieht den Mund und schüttelt den Kopf:
»Vertrau doch auf Gott! Der kann dir ja helfen.
Er lässt dich doch nicht im Stich!
Bist du nicht sein Liebling?«

Ja, du hast mich aus dem Mutterschoß gezogen,
an der Mutterbrust hast du mich vertrauen gelehrt.
Ohne dich kann ich keinen Atemzug tun;
seit meiner Geburt bist du mein Gott.

Nun bleibe nicht fern, denn ich bin in Not!
Niemand sonst kann mir helfen!

Viele Feinde umzingeln mich,
kreisen mich ein wie wilde Stiere.
Sie reißen ihre Mäuler auf,
brüllen mich an wie hungrige Löwen.
Ich zerfließe wie ausgeschüttetes Wasser,
meine Knochen fallen mir auseinander.
Mein Herz zerschmilzt in mir wie Wachs.
Meine Kehle ist ausgedörrt,
die Zunge klebt mir am Gaumen.
Du lässt mich im Staub liegen,
                        als wäre ich schon tot.
Eine Verbrecherbande hat mich umstellt,
diese Hunde lassen mir keinen Ausweg.
Sie zerfetzen mir die Hände und Füße.
Alle meine Rippen kann ich zählen;
sie stehen dabei und gaffen mich an.
Schon losen sie um meine Kleider
und verteilen sie unter sich.

Bleib nicht fern von mir, Herr!
Du bist mein Retter, komm und hilf mir!
Rette mich vor dem Schwert meiner Feinde,
rette mein Leben vor der Hundemeute!
Reiß mich aus dem Rachen des Löwen,
rette mich vor den Hörnern der wilden Stiere!

Herr, du hast mich erhört!

Ich will meinen Brüdern von dir erzählen.
In der Gemeinde will ich dich preisen:
»Die ihr zum Herrn gehört: Preist ihn!
Alle Nachkommen Jakobs: Ehrt ihn!
Ganz Israel soll ihn anbeten!
Kein Elender ist dem Herrn zu gering;
mein Geschrei war ihm nicht lästig.
Er wandte sich nicht von mir ab,
sondern hörte auf meinen Hilferuf!«
Darum danke ich dir, Herr,
vor der ganzen Gemeinde.
In Gegenwart aller, die dich ehren,
bringe ich die Opfer dar, die ich dir versprochen habe.
Psalm 22,4–26

~

Wendet euch an den Herrn, denn er will sich euch zuwenden!
Bringt eure Not zu ihm, denn er will euch hören. Wer sich gegen den Herrn aufgelehnt hat, wer seine eigenen Wege gegangen, seinen eigenen Plänen gefolgt ist, der soll umkehren und zum Herrn kommen. Der Herr wird ihn wieder annehmen, denn er ist voll Güte und Erbarmen.
Jesaja 55,6–7

~

Der Herr rettet das Leben aller, die bei ihm Schutz suchen; keiner wird enttäuscht.
Psalm 34,23

❧

Gott bestimmt jeden unserer Schritte. Wie kann ein Mensch dann wissen, welche Richtung sein Leben nimmt?
Sprichwörter 20,24

❧

Der Mensch hält alles, was er tut, für einwandfrei; Gott aber prüft die Beweggründe.
Sprichwörter 21,2

❧

Der Mensch, so wie er von sich aus ist, lehnt sich gegen Gott auf. Er gehorcht nicht dem Gesetz Gottes, ja er kann es gar nicht. Denn es ist völlig ausgeschlossen, dass einer den Willen Gottes erfüllt, wenn er seinem eigenen Willen folgt.
Römer 8,7–8

❧

Aber in seiner Gnade will er uns noch viel mehr schenken; denn es heißt auch: »Gott widersetzt sich den Überheblichen, aber denen, die gering von sich denken, wendet er seine Liebe zu.«
Jakobus 4,6

❧

Ich will an die Werke des Herrn erinnern
und beschreiben, was ich gesehen habe.
Durch seine Worte entstanden seine Werke.
Die Sonne blickt strahlend auf alles herab,
vom Glanz des Herrn ist die Schöpfung erfüllt.

Selbst seine Engel sind nicht imstande,
von all den Wundern zu erzählen,
die der Herr der Welt fest aufgerichtet hat,
so dass durch seine Macht das All besteht.
Er blickt in das Meer und ins menschliche Herz
und durchschaut sie beide bis auf den Grund.
Denn er, der Höchste, hat alles Wissen,
er kennt die Zeichen der wechselnden Zeiten.
Er tut kund, was einst war und was kommen wird;
die verstecktesten Spuren deckt er auf.
Nicht ein Gedanke kann ihm entgehen.
Kein einziges Wort bleibt ihm verborgen.
Die herrlichen Werke seiner Weisheit,
er hat sie alle genau geordnet.
Er ist derselbe seit uralten Zeiten
und wird es für immer und ewig bleiben.
Nichts ist hinzuzutun, nichts wegzunehmen,
nie braucht er jemanden, der ihn berät.
Wie wundervoll sind alle seine Werke,
bis hin zum kleinsten sichtbaren Funken!
Und all das lebt und besteht für immer;
für alles, was nötig ist, ist gesorgt.
Alle Dinge sind paarweise da,
eins ist das Gegenstück zum andern.
Und keins hat er fehlerhaft geschaffen –
eins macht die Güte des andern vollkommen.
Kann man jemals genug sehen von dieser Pracht?
Sirach 42,15–25

❦

Wie herrlich ist der Himmel anzuschauen!
Wie klar und prachtvoll ist sein Gewölbe!
Die Sonne verkündet's bei ihrem Aufgang.
Wie bewundernswert ist dieses Gestirn,

das Gott, der Höchste, geschaffen hat!
Wenn sie am Mittag hoch oben steht,
dörrt sie das Land durch ihre Strahlen aus.
Wer hält ihrer glühenden Hitze stand?
Zum Schmelzen und Brennen heizt man den Ofen –
die Sonne brennt dreimal so heiß auf die Berge,
ihr feuriger Atem weht über die Erde,
ihre flammenden Strahlen blenden das Auge.
Wie groß ist der Herr! Er hat sie gemacht,
auf seinen Befehl durcheilt sie ihre Bahn.
Zur bestimmten Zeit erscheint auch der Mond,
ein ewiges Zeichen der wechselnden Zeiten,
eine Leuchte, die abnimmt, bis sie verschwindet.
Er gibt das Signal für die großen Feste,
auch der Monat hat von ihm den Namen.
Wie schön, wenn er wechselt und wieder wächst!
Ein leuchtendes Banner der himmlischen Heere,
so strahlt er vom hohen Gewölbe herab.

Herrlich ist der Himmel beim Glanz der Sterne!
Welch funkelnder Schmuck an den Höhen des Herrn!
Er, der Heilige, hat ihren Dienst geordnet,
und nie ermüden sie auf ihrer Wacht.

Sieh den Regenbogen, wie prächtig er ist,
und preise den, der ihn gemacht hat!
Am Himmel erscheint sein strahlender Halbkreis,
von der Hand des Höchsten dort ausgespannt.
Wenn der Herr es befiehlt, wirbelt Schnee herab,
Blitze zucken und vollstrecken sein Gericht.
Dazu öffnen sich auch seine Vorratskammern,
und die Wolken fliegen wie Vögel heraus.
Seine Kraft presst die Wolken so fest zusammen,
dass sie zu Hagelkörnern zerspringen.

Sein Donner grollt und die Erde erzittert;
die Berge schwanken, wenn er sich zeigt.
Wenn er es will, weht der Wind von Süden,
kommt Sturm von Norden oder Wirbelwind.
Wie Vögel, die vom Himmel schweben,
wie Heuschrecken, die den Boden bedecken,
so lässt er den Schnee herniederfallen.
Sein strahlendes Weiß bestaunen die Augen,
die wirbelnden Flocken entzücken das Herz.
Wie Salz streut der Herr den Reif auf die Erde,
der gefriert zu feinen, spitzen Nadeln.
Er lässt den kalten Nordwind blasen,
und die Wasserflächen erstarren zu Eis;
auf Teiche und Pfützen senkt sich die Kälte,
überzieht sie mit einem Panzerhemd.
Der Glutwind dörrt Berge und Steppen aus
und verbrennt das Gras wie ein flammendes Feuer.
Doch feuchtender Nebel bringt schnelle Heilung,
und alles erquickt der kühlende Tau.

Gott zähmte das Meer nach seinem Plan
und setzte die Inseln mitten hinein.
Seeleute erzählen von den Gefahren;
voll Staunen hören wir ihre Geschichten:
Dort im Meer gibt es riesige Ungeheuer
und seltsame, wunderliche Geschöpfe.
Er bringt seine Boten glücklich ans Ziel,
und sein Wort hält alle Dinge zusammen.

Wir könnten noch viel mehr aufzählen
und würden nie ans Ende kommen;
der Schluss kann nur lauten: Er ist alles!
Sirach 43,1–27

Wer Gottes Einladung versteht, der handelt wie ein Kaufmann, der schöne Perlen sucht. Wenn er eine entdeckt, die besonders wertvoll ist, verkauft er alles, was er hat, und kauft sie.

Matthäus 13,45–46

~

Meine Freunde, ihr dürft eines nicht übersehen: Beim Herrn gilt ein anderes Zeitmaß als bei uns Menschen. Ein Tag ist für ihn wie tausend Jahre, und tausend Jahre wie ein einziger Tag. Der Herr erfüllt seine Zusagen nicht zögernd, wie manche meinen. Im Gegenteil: Er hat Geduld mit euch allen, weil er nicht will, dass einige zugrunde gehen. Er möchte, dass alle Gelegenheit finden, von ihrem falschen Weg umzukehren.

2. Petrus 3,8–9

~

Was keiner jemals gesehen oder gehört hat, was keiner jemals für möglich gehalten hat, das hält Gott bereit für die, die ihn lieben.

1. Korinther 2,9

~

Wir wissen: Wenn jemand Gott liebt, muss alles dazu beitragen, dass er das Ziel erreicht, zu dem Gott ihn nach seinem Plan berufen hat.

Römer 8,28

~

Niemand hat Gott je gesehen. Aber wenn wir einander lieben, lebt Gott in uns. Dann hat seine Liebe bei uns ihr Ziel erreicht.

1. Johannes 4,12

~

Jetzt aber habe ich erkannt: Alles, was Gott tut, geschieht nach einem ewigen Gesetz. Der Mensch kann nichts hinzufügen und nichts davon wegnehmen. Er kann nur Gott für sein unbegreifliches Tun verehren; das ist es, was Gott von ihm will. Was in Zukunft geschehen wird, ist schon dagewesen; und was in der Vergangenheit geschah, war zuvor schon einmal da. Gott lässt alles wiederkehren wie in einem Kreislauf.

Kohelet 3,14–15

≈

Aber das Leben derer, die auf Gott hören, gleicht dem Sonnenaufgang: es wird heller und heller, bis es völlig Tag geworden ist.

Sprichwörter 4,19

≈

Und für alles danke deinem Schöpfer, der dich mit so vielen guten Gaben erfreut!

Sirach 32,13

≈

Und der Friede Gottes, der höher ist als alle Vernunft, bewahre eure Herzen und Sinne in Christus Jesus.

Philipper 4,7 (Luth)

Der Mensch und seine Mitmenschen

Was du nicht willst, das man dir tu, das füg auch keinem anderen zu.
Tobias 4,16 (Luth)

Einer soll dem anderen helfen, seine Lasten zu tragen.
Galater 6,2

Wie kann einer gut zu anderen sein, wenn er zu sich selbst schlecht ist? Er wird mit seinem Wohlstand niemals glücklich!
Sirach 14,5

Vergesst nicht, Brüder aus anderen Gemeinden gastfreundlich bei euch aufzunehmen. Auf diese Weise haben einige, ohne es zu wissen, Engel aufgenommen. Denkt an die Gefangenen, als ob ihr selbst im Gefängnis wärt. Denkt an die Misshandelten, als ob ihr ebenso leiden müsstet wie sie.
Hebräer 13,2–3

Gott dachte: »Es ist nicht gut, wenn der Mensch allein ist. Ich will ihm einen Gefährten geben, der zu ihm passt.«
1. Mose 2,18

Im Spiegel des Wassers erkennt man sein Gesicht, und im Spiegel seiner Gedanken erkennt der Mensch sich selbst.
Sprichwörter 27,19

~

Wenn du die Hand zum Nehmen öffnest, dann schließe sie nicht, wenn es ums Geben geht!
Sirach 4,31

~

Wenn euch jemand Unrecht tut, dann zahlt es ihm nicht mit gleicher Münze heim. Nehmt euch vor, allen Menschen Gutes zu erweisen. Soweit es an euch liegt, tut alles, um mit jedermann in Frieden zu leben.
Römer 12,17–18

~

Liebt eure Feinde; tut denen Gutes, die euch hassen;
Lukas 6,27

~

Ein versöhnliches Wort hilft anderen zum Leben; wer unversöhnlich redet, zerstört jede Gemeinschaft.
Sprichwörter 15,4

~

Denke nicht: »Wie du mir, so ich dir; jetzt wird die Rechnung beglichen.«
Sprichwörter 24,29

~

Haltet in Einigkeit zusammen.
Römer 12,16

~

Sorge für deinen Vater, wenn er alt geworden ist; mach ihm keinen Kummer, solange er lebt! Sei nachsichtig mit ihm, wenn sein Verstand abnimmt; sieh nicht auf ihn herab, weil du noch stark und kräftig bist!

Sirach 3,12–13

~

Richtet niemand, dann wird Gott auch euch nicht richten. Verurteilt niemand, dann wird Gott auch euch nicht verurteilen. Verzeiht, dann wird Gott euch verzeihen. Schenkt, dann wird Gott euch schenken; ja, er schenkt euch so überreich, dass ihr gar nicht alles fassen könnt. Darum gebraucht andern gegenüber ein reichliches Maß; Gott wird bei euch dasselbe Maß verwenden.

Lukas 6,37–38

~

Teile dein Brot mit den Hungernden und deine Kleider mit denen, die nichts anzuziehen haben. Wenn du etwas übrig hast, dann tu anderen Gutes und mach kein saures Gesicht dabei.

Tobit 4,16

~

Freut euch mit den Fröhlichen und weint mit den Traurigen.

Römer 12,15

~

Ein gekränkter Bruder ist unzugänglicher als eine Festung; Zerwürfnisse sind wie starke Riegel am Eingang der Burg.

Sprichwörter 18,19

~

Wer jedes Gerücht weiterträgt, plaudert auch Geheimnisse aus;
ein vertrauenswürdiger Mensch behandelt sie vertraulich.
Sprichwörter 11,13

~

Warum kümmerst du dich um den Splitter in dem Auge deines
Bruders und bemerkst nicht den Balken in deinem eigenen?
Wie kannst du zu deinem Bruder sagen: »Komm her, ich will dir
den Splitter aus dem Auge ziehen«, wenn du selbst einen ganzen
Balken im Auge hast? Du Scheinheiliger, zieh erst den Balken
aus deinem Auge, dann kannst du dich um den Splitter im Auge
deines Bruders kümmern.
Matthäus 7,3–5

~

Mit seinen tiefsten Schmerzen und Freuden ist jeder allein; kein
anderer kann sie mit ihm teilen.
Sprichwörter 14,10

~

Wer seinen Mitmenschen liebt, fügt ihm kein Unrecht zu.
Den anderen lieben bedeutet also: das ganze Gesetz Gottes er-
füllen.
Römer 13,10

~

Nehmt einander gastfreundlich auf, ohne darüber zu klagen.
1. Petrus 4,9

~

Wer anderen Gutes tut, soll dies mit Freude tun.
Römer 12,8

~

Wir wollen [...] alles daransetzen, dass wir in Frieden miteinander leben und uns gegenseitig weiterhelfen.
Römer 14,19

~

Behandelt die Menschen so, wie ihr selbst von ihnen behandelt werden wollt – das ist alles, was das Gesetz und die Propheten fordern.
Matthäus 7,12

~

Geh nicht zusammen mit einem Waghals auf Reisen! Er bringt dich von einer Schwierigkeit in die andere, weil er immer seinen Kopf durchsetzen muss; und wegen seiner Verrücktheit kommst du schließlich mit ihm um.
Sirach 8,15

~

Sorge dafür, dass du jedem frei und offen ins Auge blicken kannst!
Sprichwörter 4,25

~

Für wen hältst du dich, dass du deinen Mitmenschen verurteilst!
Jakobus 4,12

~

Wenn du etwas Gutes tust, sei dir sicher, wem du es tust; dann wirst du für deine guten Taten Dank bekommen. Jede gute Tat an einem Menschen, der den Herrn achtet, wird dir belohnt; wenn nicht von ihm selbst, dann von Gott, dem Höchsten.
Sirach 12,1–2

~

Sei nicht voreilig mit Worten, aber auch nicht faul und träge mit Taten!
Benimm dich vor deinen Hausgenossen nicht wie ein Löwe, aber auch nicht wie ein Gespensterseher!

Sirach 4,29

~

Ein Mensch ohne Benehmen gleicht einer schlecht angebrachten Geschichte, wie man sie oft von unwissenden Leuten hört.

Sirach 20,19

~

Wie könnt ihr von Gott eine Belohnung erwarten, wenn ihr nur die liebt, die euch ebenfalls lieben? Sogar Betrüger lieben ihresgleichen. Was ist denn schon Besonderes daran, wenn ihr nur zu euren Brüdern freundlich seid?

Matthäus 5,46–47

~

Lasst euch [...] von keinem vorschreiben, was ihr essen oder trinken sollt. Auch um Feiertage wie Neumond oder Sabbat braucht ihr euch nicht zu kümmern. Dies ist alles nur ein Schatten von dem, was in Christus Wirklichkeit ist. Lasst euch nicht irremachen von Leuten, die in ihren Visionen die Engelmächte schauen und die sich daraufhin in besonderen Frömmigkeits-übungen gefallen, um diese Mächte durch ihre Verehrung günstig zu stimmen. Solche Leute sind ohne jeden Grund eingebildet. Sie verlassen sich auf sich selbst, anstatt sich an Christus zu halten, der der Herr über alles ist.

Kolosser 2,16–19

~

Ihr lasst euch vorschreiben: »Dies sollst du nicht anfassen, das sollst du nicht kosten, jenes sollst du nicht berühren!« Alle diese

Dinge sind doch zum Gebrauch und Verzehr bestimmt. Warum lasst ihr euch dann von Menschen darüber Vorschriften machen? Es sieht nur so aus, als ob diese Verehrung der unsichtbaren Mächte, die Frömmigkeitsübungen und die Kasteiung des Körpers Zeichen besonderer Weisheit seien. In Wirklichkeit führen sie nicht zu der erstrebten Ehrenstellung vor Gott, sondern dienen nur der Befriedigung der menschlichen Selbstsucht und Eitelkeit.

Kolosser 2,20–23

~

Lerne deine Mitmenschen kennen, so gut du kannst; aber Rat und Hilfe suche nur bei den Klugen!

Sirach 9,14

~

Trag es einem anderen nicht ewig nach, wenn er Unrecht getan hat, und handle nie aus gekränktem Stolz!

Sirach 10,6

~

Wenn du [...] jemandem hilfst, dann häng es nicht an die große Glocke!
Benimm dich nicht wie die Heuchler in den Synagogen und auf den Straßen. Sie wollen nur von den Menschen geehrt werden. Ich sage euch, sie haben ihren Lohn schon kassiert. Wenn du also jemandem hilfst, dann tu es so unauffällig, dass nicht einmal dein bester Freund etwas davon erfährt.

Matthäus 6,2–3

~

Einem Bedürftigen helfen heißt Gott etwas leihen, der wird es voll zurückerstatten.

Sprichwörter 19,17

Wenn jemand Hilfe braucht und du ihm helfen kannst, dann weigere dich nicht, es zu tun. Und wenn du ihm sofort helfen kannst, dann sage ihm nicht, er soll morgen wiederkommen.
Sprichwörter 3,27–28

~

Als sie nicht aufhörten zu fragen, richtete Jesus sich auf und sagte zu ihnen: »Wer von euch noch nie gesündigt hat, der soll den ersten Stein auf sie werfen.«
Johannes 8,7

~

Verurteilt nicht andere, damit Gott nicht euch verurteilt. Denn euer Urteil wird auf euch selbst zurückfallen, und ihr werdet mit demselben Maß gemessen werden, das ihr bei anderen anlegt.
Matthäus 7,1–2

~

Eure Feinde sollt ihr lieben! Tut Gutes und leiht, ohne etwas zurückzuerwarten! Dann bekommt ihr reichen Lohn: ihr werdet zu Kindern des Höchsten.
Lukas 6,35

~

Sorgt für die Brüder und Schwestern, die es nötig haben, und wetteifert in der Gastfreundschaft.
Römer 12,13

~

Wünscht denen, die euch verfolgen, Gutes. Bittet Gott für sie, statt seine Strafe auf sie herabzurufen.
Römer 12,14

~

Haltet in Einigkeit zusammen. Strebt nicht nach Ehre und Ansehen, sondern wendet euch den Geringen und Unterdrückten zu. Bildet euch nichts auf eure Erkenntnisse ein.
Römer 12,16

~

Handelt nach dem Wort in den heiligen Schriften: »Wenn dein Feind hungrig ist, dann gib ihm zu essen, und wenn er Durst hat, dann gib ihm zu trinken. Damit wirst du ihn beschämen.«
Römer 12,20

~

An seinem Aussehen kann man einen Menschen erkennen; an seinem Auftreten erkennt man, ob er Verstand hat. Seine Kleidung, sein Lächeln und sein Gang sagen, wer er ist.
Sirach 19,29–30

~

Wenn dein Bruder dir unrecht getan hat, dann geh zu ihm hin und stell ihn unter vier Augen zur Rede. Wenn er mit sich reden lässt, hast du ihn als Bruder zurückgewonnen. Wenn er aber nicht auf dich hört, dann geh wieder hin, diesmal mit einem oder zwei anderen, denn jede Sache soll ja aufgrund der Aussagen von zwei oder drei Zeugen entschieden werden. Wenn er dann immer noch nicht hören will, bring die Angelegenheit vor die Gemeinde. Wenn er nicht einmal auf die Gemeinde hört, dann behandle ihn wie einen Ungläubigen oder einen Betrüger. Ich versichere euch: Was ihr hier auf der Erde für verbindlich erklären werdet, das wird auch vor Gott verbindlich sein; und was ihr für nicht verbindlich erklären werdet, das wir auch vor Gott nicht verbindlich sein.
Matthäus 18,15–18

~

Lass einen Bedürftigen nicht hungern und kränke ihn nicht; er
hat es schon schwer genug.
Sirach 4,2

~

Wenn jemand verbittert ist, dann verletze ihn nicht noch mehr.
Lass keinen warten, der auf deine Hilfe angewiesen ist.
Sirach 4,3

~

Erhebt euch nicht über die anderen, sondern seid immer freundlich und geduldig. Sucht in Liebe miteinander auszukommen.
Epheser 4,2

~

Ehre deinen Vater und deine Mutter und liebe deinen Mitmenschen wie dich selbst.
Matthäus 19,19

~

Lobe niemand für sein gutes Aussehen; aber verabscheue auch
niemand, wenn dir sein Anblick nicht gefällt!
Sirach 11,2

~

In Gegenwart eines Fremden tu nichts, was er nicht sehen soll!
Du weißt ja nicht, ob er es nicht gegen dich verwendet.
Sirach 8,18

~

Schütte nicht jedem dein Herz aus; es würde dir wenig Freude
einbringen.
Sirach 8,19

~

Ungerechtigkeit, Überheblichkeit und Habgier sind die Gründe dafür, dass Völker ihre Macht verlieren und andere an ihre Stelle treten.
Sirach 10,8

Wohltaten, die du anderen erwiesen hast, kannst du als Juwelen in deiner Schatzkammer betrachten; sie werden dir aus jedem Unglück heraushelfen. Sie werden dich besser gegen deine Feinde verteidigen als der festeste Schild und der schwerste Spieß.
Sirach 29,12–13

Überleg dir genau, wen du in dein Haus einlädst; denn hinterhältige Leute haben viele Möglichkeiten, dich zu täuschen. Ein überheblicher Mensch ist gefährlich wie ein Lockvogel im Käfig; wie ein Späher lauert er auf seine Gelegenheit, dich zu Fall zu bringen. Er verdreht Gutes in Böses, sogar an der selbstlosesten Tat findet er noch etwas auszusetzen.
Sirach 11,29–31

Lass dich vom Bösen nicht besiegen, sondern überwinde es durch das Gute.
Römer 12,21

Die Macht des Wortes

Im Anfang war das Wort, und das Wort war bei Gott, und Gott war das Wort. Dasselbe war im Anfang bei Gott. Alle Dinge sind durch dasselbe gemacht, und ohne dasselbe ist nichts gemacht, was gemacht ist. In ihm war das Leben, und das Leben war das Licht der Menschen. Und das Licht scheint in der Finsternis, und die Finsternis hat's nicht ergriffen.
Johannes 1,1–5 (Luth)

∼

Mehr als auf alles andere achte auf deine Gedanken, denn sie bestimmen dein Leben.
Sprichwörter 4,23

∼

Wie gut ist das richtige Wort zur rechten Zeit!
Sprichwörter 15,23

∼

Wie goldene Äpfel auf silbernen Schalen, so sind treffende Worte im richtigen Augenblick.
Sprichwörter 25,11

∼

Die Pflege eines Baumes erkennt man an seinen Früchten und die Gesinnung eines Menschen an seinen Worten.
Sirach 27,6

Lobe niemand, bevor du ihn reden gehört hast; denn daran kannst du einen Menschen erkennen.
Sirach 27,7

~

Wer seinen Mund hält, hält sich Schwierigkeiten vom Hals.
Sprichwörter 21,23

~

Das Wort Gottes kann nicht in Fesseln gelegt werden.
2. Timotheus 2,9

~

Die Entscheidung, die einer trifft, kann in vier verschiedene Richtungen führen: zum Guten oder zum Bösen, zum Leben oder zum Tod. Und deine Zunge kann andere in jede dieser Richtungen lenken.
Sirach 37,17–18

~

Wenn ihr mit mir vereint bleibt und meine Worte in euch lebendig sind, könnt ihr den Vater um alles bitten, was ihr wollt, und ihr werdet es bekommen.
Johannes 15,7

~

Der Mensch lebt nicht vom Brot allein, sondern von einem jeden Wort, das aus dem Mund Gottes geht.
Matthäus 4,4 (Luth)

~

Flöte und Harfe verschönern den Gesang; aber noch mehr erfreut die Gabe wohlklingender Worte.
Sirach 40,21

Mit Geduld und ruhigen Worten kann man den härtesten Widerstand brechen und sogar mächtige Menschen umstimmen.
Sprichwörter 25,15

~

Was einer mit seinen Worten erreicht, entscheidet über seine Zufriedenheit.
Sprichwörter 18,20

~

Wenn Regen oder Schnee vom Himmel fällt, kehrt er nicht dorthin wieder zurück, ohne dass er etwas bewirkt: er durchfeuchtet die Erde und macht sie fruchtbar, so dass man Korn für das tägliche Brot bekommt und Saatgut für eine neue Ernte.
Genauso ist es mit dem Wort, das ich spreche. Es kehrt nicht erfolglos zu mir zurück, sondern bewirkt, was ich will, und führt aus, was ich ihm auftrage.
Jesaja 55,10

~

Wörter haben Macht über Leben und Tod; wer sich hingebungsvoll mit ihnen beschäftigt, kann viel durch sie erreichen.
Sprichwörter 18,21

~

Freundliche Worte sind wie Honig; süß für den Gaumen und gesund für den ganzen Körper.
Sprichwörter 16,24

~

Das Gras ist verdorrt, die Blumen verwelken; aber das Wort unseres Gottes bleibt für immer in Kraft.
Jesaja 40,8

~

Die Worte mancher Leute sind wie Messer; die Worte weiser
Menschen bringen Heilung.
Sprichwörter 12,18

~

Himmel und Erde werden vergehen, aber meine Worte nicht.
Lukas 21,33

~

Gott, mein Vater, Herr meines Lebens, liefere mich nicht den
Neigungen meiner Lippen aus, lass mich nicht durch sie zu Fall
kommen!
Sirach 23,1

~

Gold und edle Steine gibt es haufenweise; aber einsichtsvolle
Worte sind eine Seltenheit.
Sprichwörter 20,15

~

Mit der Zunge ausgleiten ist schlimmer, als auf dem Pflaster ausgleiten.
Sirach 20,18

~

Einer schweigt, weil er nichts zu sagen weiß; ein anderer
schweigt, weil er die rechte Zeit zum Reden abwarten kann.
Sirach 20,6

~

Rede den Leuten nicht nach dem Mund, nimm deine Worte in
Acht!
Sirach 1,29

~

Sei nicht überheblich, damit du nicht stürzt und dich selbst in Schande bringst.

Sirach 1,30

~

Dein Geld schließt du sorgfältig ein. Geh genauso sorgfältig mit deinen Worten um, leg jedes von ihnen auf die Waage! Pass auf, dass du nicht über deine eigenen Worte stolperst und gerade dem vor die Füße fällst, der schon darauf wartet!

Sirach 28,25–26

~

Mein Sohn, wenn du einem anderen hilfst, dann mach ihm nicht gleichzeitig Vorwürfe! Begleite deine Gabe nicht durch Worte, die ihn verletzen! Ein Wort kann mehr aufmuntern als eine Gabe, genauso wie der Tau an heißen Tagen Erleichterung schafft. Ja, ein gutes Wort ist wertvoller als ein reiches Geschenk. Und wer wirklich helfen will, gibt beides! Nur ein Dummkopf macht lieblose Vorwürfe, und eine Gabe, die ungern gegeben wird, macht niemand Freude.

Sirach 18,15–18

~

Zurechtweisung muss zur rechten Zeit geschehen; manchmal ist es klüger zu schweigen.

Sirach 20,1

~

Bleib entschieden bei deiner Überzeugung und steh zu dem, was du sagst.

Sirach 5,10

~

Sei immer bereit zu hören, aber lass dir Zeit mit der Antwort!
Sirach 5,11

~

Antworte einem anderen nur, wenn du weißt, wovon du redest; sonst halte lieber den Mund!
Sirach 5,12

~

Was du sagst, kann dir Ehre oder Schande einbringen; deine Zunge kann dir sogar zum Verderben werden.
Sirach 5,13

~

Sorge dafür, dass man dich nicht einen Verleumder nennt; stifte mit deiner Zunge kein Unheil!
Sirach 5,14

~

Sogar ein Dummkopf kann für klug und verständig gehalten werden – wenn er nur den Mund halten könnte!
Sprichwörter 17,28

~

Wenn man ein Sieb schüttelt, bleibt zum Schluss der Abfall darin übrig; ebenso zeigen sich die Fehler eines Menschen, wenn er seine Überlegungen ausspricht.
Sirach 27,4

~

Der Hauptmann antwortete und sprach: »Herr, ich bin nicht wert, dass du unter mein Dach gehst, sondern sprich nur ein Wort, so wird mein Knecht gesund.«
Matthäus 8,8 (Luth)

Leben und Tod

In deine Hände befehle ich meinen Geist; du hast mich erlöst,
Herr, du treuer Gott.
Psalm 31,1a (Luth)

Meine Zeit steht in deinen Händen.
Psalm 31,16a (Luth)

Der Mensch, vom Weibe geboren,
lebt kurze Zeit und ist voll Unruhe,
geht auf wie eine Blume und fällt ab,
flieht wie ein Schatten und bleibt nicht.
Hiob 14,1 (Luth)

Darum iss dein Brot und trink deinen Wein und sei fröhlich dabei! So hat Gott es für die Menschen vorgesehen, und so gefällt
es ihm. Nimm das Leben als ein Fest: Trag immer frisch gewaschene Kleider und sprenge duftendes Öl auf dein Haar! Genieße jeden Tag mit der Frau, die du liebst, solange dieses flüchtige
Leben dauert, das Gott dir geschenkt hat. Denn das ist der Lohn
für die Mühsal des Lebens.
Kohelet 9,7–9

Verachte keinen, weil er alt ist; auch einige von uns werden alt!
Sirach 8,6

≈

Freu dich nicht über den Tod eines anderen; erinnere dich, dass wir alle sterben müssen!
Sirach 8,6

≈

Erinnere dich daran, dass sein Schicksal auch deines ist: Gestern er – morgen du!
Sirach 38,22

≈

Wenn einer zur letzen Ruhe gelegt worden ist, dann lass auch die Erinnerung an ihn zur Ruhe kommen! Wenn der Lebensgeist ihn verlassen hat, tröste dich über den Verlust!
Sirach 38,23

≈

Tod – wie bitter ist der Gedanke an dich für einen, der zufrieden und sorgenfrei in seinem Heim lebt, dem alles gelingt und der noch genügend bei Kräften ist, um Freuden zu genießen!
Sirach 41,1

≈

Denn alles, was geschieht, hat seine von Gott bestimmte Zeit. Aber es gibt ein schlimmes Geschick, das auf dem Menschen lastet: Er weiß nicht, *was* ihn treffen wird, und niemand sagt ihm, *wie* es geschehen wird.
Den Wind kann er nicht aufhalten oder einsperren. Ebenso wenig kann er seinen Todestag aufhalten.
Kohelet 8,6–8

≈

Man sieht es doch: Auch der Klügste muss sterben, genauso wie der unverbesserliche Narr; was sie besitzen, bleibt zurück für andere.

Psalm 49,11

~

Durch Größe und Reichtum bleibt keiner am Leben; der Mensch geht ebenso zugrunde wie das Vieh.

Psalm 49,13

~

Herr, lehre mich doch, dass es ein Ende mit mir haben muss und mein Leben ein Ziel hat und ich davon muss.
Siehe, meine Tage sind eine Handbreit bei dir, und mein Leben ist wie nichts vor dir. Wie gar nichts sind alle Menschen, die doch so sicher leben! [...]
Sie gehen daher wie ein Schatten und machen sich viel vergebliche Unruhe; sie sammeln und wissen nicht, wer es einbringen wird.

Psalm 39,5–7 (Luth)

~

Noch etwas Unsinniges habe ich bemerkt: Da lebt jemand ganz allein; er hat keinen Sohn und auch keinen Bruder. Trotzdem arbeitet er rastlos weiter, und sein Besitz ist ihm nie groß genug. Für wen plagt er sich eigentlich? Warum gönnt er sich selbst keine Freude? Das ist doch eine elende Art zu leben und völlig sinnlos!

Kohelet 4,7–8

~

Keiner von uns lebt für sich selbst. Genauso stirbt auch keiner für sich selbst.
Wenn wir leben, leben wir für den Herrn, und wenn wir ster-

ben, sterben wir für den Herrn. Wir gehören dem Herrn im Leben und im Tod.

Römer 14,7–8

～

Ein jegliches hat seine Zeit, und alles Vorhaben unter dem
                                       Himmel hat seine Stunde:
geboren werden hat seine Zeit, sterben hat seine Zeit;
pflanzen hat seine Zeit, ausreißen, was gepflanzt ist,
                                       hat seine Zeit;
töten hat seine Zeit, heilen hat seine Zeit;
abbrechen hat seine Zeit, bauen hat seine Zeit;
weinen hat seine Zeit, lachen hat seine Zeit;
klagen hat seine Zeit, tanzen hat seine Zeit;
Steine wegwerfen hat seine Zeit, Steine sammeln hat
                                       seine Zeit;
herzen hat seine Zeit, aufhören zu herzen hat seine Zeit;
suchen hat seine Zeit, verlieren hat seine Zeit;
behalten hat seine Zeit, wegwerfen hat seine Zeit;
zerreißen hat seine Zeit, zunähen hat seine Zeit;
schweigen hat seine Zeit, reden hat seine Zeit;
lieben hat seine Zeit, hassen hat seine Zeit;
Streit hat seine Zeit, Friede hat seine Zeit.
Man mühe sich ab, wie man will, so hat man keinen
                                       Gewinn davon.

Prediger 3,1–9 (Luth)

～

Jesus sagte zu ihr: »Ich bin die Auferstehung und das Leben. Wer mich annimmt, wird leben, auch wenn er stirbt, und wer lebt und sich auf mich verlässt, wird niemals sterben.«

Johannes 11,25–26

～

Als König Hiskija von seiner Krankheit genesen war, schrieb er
folgendes Gedicht nieder:
»Ich dachte: Jetzt, im allerbesten Alter,
steh ich am Tor der Totenwelt
und darf mein Leben nicht zu Ende leben!
Hier, in der Welt der Lebenden,
darf ich den Herrn nicht länger sehen;
dort, wo alles zu Ende ist,
erblicke ich keinen Menschen mehr.
Das Haus, in dem ich lebe, wird abgebrochen
und weggetragen wie ein Hirtenzelt.
Wie ein Weber, der sein Tuch einrollt,
so hab ich mein Leben ausgewebt;
nun wird es vom Webstuhl abgeschnitten.
Bei Tag und Nacht fühl ich mein Ende nahen.
Morgens bin ich wie zerschlagen und denke:
Er zermalmt meine Knochen wie ein Löwe.
Ja, Tag und Nacht fühl ich mein Ende nahen.
Wie eine Schwalbe piepst meine Stimme,
mein Klagen tönt wie das Gurren der Taube.
Mit müden Augen starre ich zum Himmel. –
Ich kann nicht mehr, Herr!
Tritt du für mich ein!
Doch was richte ich mit Worten bei ihm aus?
Er hat getan, was er mir angekündigt hat.
In bitterem Leid verbring ich meine Jahre
und schleppe mich Schritt für Schritt dahin. –
Ach Herr, belebe meinen Geist doch wieder
nach allem, was geschehen ist
und was du mir versprochen hast!
Mach mich gesund, erhalte mich am Leben!

Mein bitterer Schmerz hat sich in Glück verwandelt!
In herzlicher Liebe hast du mich umfangen

und mein Leben vor dem Grab bewahrt;
denn alle meine Schuld hast du genommen
und sie weit hinter dich geworfen.
Dort unten bei den Toten preist dich niemand;
wer tot ist, dankt dir nicht mit Liedern.
Wer schon ins Grab gesunken ist,
der hofft nicht mehr auf deine Treue.
Allein die Lebenden danken dir,
so wie auch ich dir heute danke.
Die Väter sagen es ihren Kindern,
dass man sich auf dich verlassen kann.

Herr, weil du mir geholfen hast,
preisen wir dich mit Saitenspiel
vor deinem Tempel, solange wir leben.
Jesaja 38,9–20

~

Das Licht der Sonne sehen zu können bedeutet Glück und Freude. Genieße froh jeden Tag, der dir gegeben ist! Auch wenn du noch viele vor dir hast – denk daran, dass die Nacht, die ihnen folgt, noch länger ist. Alles, was dann kommt, ist sinnlos. Freu dich, junger Mensch! Sei glücklich, solange du noch jung bist. Tu, was dir Spaß macht, wozu deine Augen dich locken! Aber vergiss nicht, dass Gott für alles von dir Rechenschaft fordert.
Kohelet 11,7–9

~

Der Tod ist vernichtet!
Der Sieg ist vollkommen!
Tod, wo ist dein Sieg?
Tod, wo ist deine Macht?
1. Korinther 15,54–55

~

Haltet durch, dann werdet ihr das wahre Leben gewinnen.
Lukas 21,19

~

In Ephesus habe ich mich in einen Kampf auf Leben und Tod eingelassen.
Wenn ich keine Hoffnung hätte, hätte ich mir das ersparen können.
Wenn die Toten nicht wieder lebendig werden, dann halten wir uns doch lieber an das Sprichwort: »Lasst uns essen und trinken, denn morgen sind wir tot!«
1. Korinther 15,32

~

Niemand weiß, wann seine Zeit kommt. Wie Fische, die plötzlich ins Netz geraten, wie Vögel, über denen die Falle zuschlägt, so gehen die Menschen in die Schlinge. Der Tod ereilt sie, wenn sie am wenigsten daran denken.
Kohelet 9,12

~

Was haben wir in die Welt mitgebracht? Nichts! Was können wir aus ihr mitnehmen? Nichts! Wenn wir also Nahrung und Kleidung haben, soll uns das genügen.
1. Timotheus 6,7

~

Alles, was geschieht, ist vor langer Zeit bestimmt worden. Ehe ein Mensch auf die Welt kommt, steht schon fest, was aus ihm wird. Und mit dem, der mächtiger ist als er, kann er nicht darüber streiten. Je mehr er gegen ihn vorbringt, desto sinnloser wird es und desto weniger kommt für den Menschen dabei heraus.
Kohelet 6,10–11

~

Überhaupt, wer kann schon sagen, was für den Menschen gut ist, während seines kurzen Lebens, das so flüchtig ist wie ein Schatten? Und wer kann ihm sagen, was nach ihm auf dieser Erde geschehen wird?

Kohelet 6,12

~

Die Generationen kommen und gehen; nur die Erde bleibt, wie sie ist.

Die Sonne geht auf, sie geht unter, und dann wieder von vorn, immer dasselbe. Jetzt weht der Wind von Norden, dann dreht er und weht von Süden, er dreht weiter und immer weiter, bis er wieder aus der alten Richtung kommt. Alle Flüsse fließen ins Meer, aber das Meer wird nicht voll. Das Wasser kehrt zu den Quellen zurück, und wieder fließt es ins Meer.

Alles verändert sich so schnell, dass man mit dem Hören und Sehen gar nicht nachkommen kann; und es in Worte zu fassen ist erst recht unmöglich. Und doch bleibt es dabei: Es gibt nichts Neues unter der Sonne. Was gewesen ist, das wird wieder sein; was getan wurde, das wird wieder getan. »Sieh her«, sagen sie, »da ist etwas Neues!« Unsinn! Es ist schon einmal dagewesen, lange bevor wir geboren wurden. Man weiß nur nichts mehr von dem, was die Alten taten. Und was wir heute tun oder unsere Kinder morgen, wird man auch bald vergessen.

Kohelet 1,4–11

~

Bei allem, was du tust, behalte du die Zügel in der Hand, damit niemand deine Autorität in Frage stellt! Erst am Ende deines Lebens, in deiner letzten Stunde, verteile deinen Besitz an die Erben!

Sirach 33,23–24

~

Lehre uns bedenken, dass wir sterben müssen, auf dass wir klug werden.

Psalm 90,12 (Luth)

~

Des Menschen Leben gleicht dem Gras,
er blüht wie eine Blume auf der Wiese:
Ein heißer Wind kommt – schon ist sie verschwunden,
und wo sie stand, bleibt keine Spur zurück.

Psalm 103,15–16

~

Tu deinem Freund Gutes, bevor du stirbst; gib ihm so großzügig, wie du kannst!
Lass dir keinen einzigen Freudentag entgehen! Wenn du zu etwas Lust hast und es recht ist, dann tu es! Du musst ja doch anderen hinterlassen, was du durch deine Mühe erworben hast. Dann wird es durch das Los unter die Erben aufgeteilt. Darum hab deine Freude daran, anderen zu geben und auch für dich selbst zu nehmen; in der Totenwelt ist keine Freude mehr zu finden.

Sirach 14,13–16

~

Wir alle altern und nutzen uns ab wie ein Gewand; es ist ein uraltes Gesetz: »Du musst sterben!« Die Blätter an deinem Laubbaum welken und fallen ab, dann wachsen neue nach. Genauso sind wir Menschen: Eine Generation stirbt, und eine neue wird geboren. Alles, was Menschenhände schaffen, vergeht und verschwindet, und mit ihnen geht der, der es gemacht hat.

Sirach 14,17–19

~

Ich bin zu der Erkenntnis gekommen, dass man in dem kurzen Leben, das Gott uns zugemessen hat, nichts Besseres tun kann

als essen und trinken und es sich wohl sein lassen bei aller Mühe, die man hat. So hat Gott es für uns Menschen bestimmt. Wenn Gott einen Menschen reich und wohlhabend werden lässt und ihm erlaubt, seinen Teil davon zu genießen, dann sollte er dankbar sein und sich über den Ertrag seiner Mühe freuen. Denn das ist ein Geschenk Gottes! Vor lauter Freude denkt er nicht mehr darüber nach, wie kurz sein Leben ist.
Kohelet 5,17–19

≈

Der Weg, den du für den richtigen hältst, führt dich am Ende vielleicht in den Tod.
Sprichwörter 16,25

≈

Was hat ein Mensch davon, wenn er die ganze Welt gewinnt, aber zuletzt sein Leben verliert?
Matthäus 16,26

≈

Ich sage euch jetzt ein Geheimnis: Wir werden nicht alle sterben. Aber wenn die Posaune den Richter der Welt ankündigt, werden wir alle verwandelt. Das geht so schnell, wie wenn man mit der Wimper zuckt. Wenn die Posaune ertönt, werden die Verstorbenen zu unvergänglichem Leben erweckt.
1. Korinther 15,51–52

≈

Und das sollt ihr wissen: ich bin immer bei euch, jeden Tag, bis zum Ende der Welt.
Matthäus 28,20

Weisheiten für alle Fälle

Krummes kann nicht gerade werden; was nicht da ist, kann man nicht zählen.
Kohelet 1,15

~

Eine tote Fliege bringt duftendes Öl zum Stinken, und ein bisschen Dummheit macht alles Wissen und Ansehen eines Menschen zunichte.
Kohelet 10,1

~

Jesus selbst hatte gesagt: »Kein Prophet gilt etwas in seiner Heimat.«
Johannes 4,44

~

Prozessiere nicht gegen einen Richter; wegen seiner Stellung würde er den Prozess gewinnen.
Sirach 8,14

~

Während meines kurzen Lebens habe ich beobachtet: Es gibt Menschen, die nach Gottes Geboten leben und trotzdem elend umkommen; aber andere, die Unrecht tun und sich nicht um Gott kümmern, genießen ihr Leben bis in das hohe Alter. Deshalb ist mein Rat: Übertreib es nicht mit der Rechtschaffenheit

und bemühe dich nicht zu sehr um Wissen! Warum willst du dich selbst zugrunde richten? Schlag aber auch nicht über die Stränge und bleib nicht in der Unwissenheit! Warum willst du vor der Zeit sterben? Halte dich an die gesunde Mitte. Wenn du Gott ernst nimmst, findest du immer den rechten Weg.
Kohelet 7,15–18

≈

Prüft aber alles, und nehmt nur an, was gut ist.
1. Thessalonicher 5,21

≈

Scherze nicht mit einem ungehobelten Menschen; sonst beleidigt er noch deine Vorfahren.
Sirach 8,4

≈

Ein Sportler, der an einem Wettkampf teilnimmt, kann den Preis nur gewinnen, wenn er sich streng den Regeln unterwirft.
2. Timotheus 2,5

≈

Jesus fügte hinzu: »Der Sabbat ist für den Menschen da, nicht der Mensch für den Sabbat.«
Markus 2,27

≈

Wo kein Holz mehr ist, geht das Feuer aus; und wo kein Klatsch mehr ist, hört der Streit auf.
Sprichwörter 26,20

≈

Wo Aas liegt, da sammeln sich die Geier.
Matthäus 24,28

Wer insgeheim hasst, ist ein Heuchler; doch wer offen verleumdet, muss den Verstand verloren haben!

Sprichwörter 10,18

~

Werde ruhig vor dem Herrn, erwarte gelassen sein Tun!

Psalm 37,7

~

Macht euch nichts vor! »Schlechter Umgang verdirbt den Charakter.«

1. Korinther 15,33

~

Werdet wieder nüchtern und lebt, wie es Gott gefällt.

1. Korinther 15,34

~

Geben macht mehr Freude als nehmen.

Apostelgeschichte 20,35

~

Kein Gift ist tödlicher als Schlangengift, und kein Zorn ist schlimmer als der Zorn einer Frau.

Sirach 25,15

~

Gebt heilige Dinge nicht den Hunden zum Fraß! Und eure Perlen werft nicht den Schweinen hin! Die trampeln doch nur darauf herum und dann wenden sie sich gegen euch und fallen euch an.

Matthäus 7,6

~

Vor allem lasst das Schwören, wenn ihr irgendetwas beteuern wollt! Schwört weder beim Himmel noch bei der Erde, noch bei sonst etwas. Man muss sich auf euer einfaches Ja oder Nein verlassen können.

Jakobus 5,12

~

Setz dich nie zusammen mit einer verheirateten Frau zum Essen und Trinken nieder! Du könntest dein Herz an sie verlieren, und deine Leidenschaft brächte dich ins Verderben.

Sirach 9,9

~

Geduld bringt weiter als Heldentum; sich beherrschen ist besser als Städte erobern.

Sprichwörter 16,32

~

Wer immer nach dem Wind sieht und auf das passende Wetter wartet, der kommt weder zum Säen noch zum Ernten.

Kohelet 11,4

~

Junge Männer können stolz sein auf ihre Kraft, die Alten auf ihr graues Haar.

Sprichwörter 20,29

~

Wer geradlinig lebt, lebt ohne Angst; wer krumme Weg geht, wird irgendwann ertappt.

Sprichwörter 10,9

~

Hochmut kommt vor dem Fall.
Sprüche 16,18

～

Wer Wind sät, wird Sturm ernten.
Hosea 8,7

～

Vermeide die kleinen Fehler genauso wie die großen.
Sirach 5,15

～

Wer sich zu seiner Tat bekennt, dem bleibt Schaden erspart.
Sirach 20,3

～

An der Tür lauschen ist ein Zeichen von Ungezogenheit; ein
vernünftiger Mensch würde sich schämen, so etwas zu tun.
Sirach 21,24

～

Keine Versprechungen machen ist besser als etwas versprechen
und es dann nicht halten.
Kohelet 5,4

～

Wer anderen eine Grube gräbt, fällt selbst hinein; und wer anderen Schlingen legt, fängt sich selbst darin.
Sirach 27,26

～

Du kannst das Pferd anspannen für den Tag der Schlacht; aber
der Sieg kommt von Gott.
Sprichwörter 21,31

Wer sich zu Klugen gesellt, wird klug; wer sich mit Dummköpfen befreundet, ist am Ende selber der Dumme.
Sprichwörter 13,20

≈

Wer starrsinnig ist, nimmt ein böses Ende; und wer sich in Gefahr begibt, kommt darin um.
Sirach 3,26

≈

Manchmal hat man Glück im Unglück, und manchmal wird aus Gewinn Verlust.
Sirach 20,9

≈

Suche nie auf Kosten deines Vaters berühmt zu werden; denn die Herabsetzung deines Vaters ist keine Ehre für dich.
Sirach 3,10

≈

Streite nicht um eine Sache, die dich nichts angeht, und mach nicht mit, wo Schurken zu Gericht sitzen.
Sirach 11,9

≈

Tu nichts Böses, dann wird dir nichts Böses geschehen. Trenn dich von Unrecht, dann wird es dir fern bleiben.
Sirach 7,1–2

≈

Lass dich von der richtigen Entscheidung nicht abbringen, damit deine Füße nicht auf Abwege geraten.
Sprichwörter 4,27

≈

Wer einen Stein in die Luft wirft, wird selbst davon getroffen; und ein heimtückischer Schlag verletzt auch den Schläger.
Sirach 27,25

Wer weiß, was er zu tun hat, und tut es nicht, der macht sich schuldig.
Jakobus 4,17

Wenn die Axt stumpf geworden ist und man sie nicht schärft, dann muss man sich doppelt anstrengen. Wer aus Erfahrung klug geworden ist, kann sich manches ersparen.
Kohelet 10,10

Du magst dich für stark halten – ob du es bist, zeigt sich erst in der Not.
Sprichwörter 24,10

Und verlass dich auf dein eigenes Gewissen; es ist dein zuverlässigster Ratgeber! Dein eigenes Empfinden sagt dir für gewöhnlich mehr als sieben Wächter, die auf einer Anhöhe Ausschau halten. Vor allem aber bitte Gott, den Höchsten, dich immer auf den richtigen Weg zu bringen.
Sirach 37,13–14

Das Auge vermittelt dem Menschen das Licht. Ist das Auge klar, steht der ganze Mensch im Licht; ist das Auge getrübt, steht der ganze Mensch im Dunkeln. Wenn aber dein inneres Auge – dein Herz – blind ist, wie schrecklich wird dann die Dunkelheit sein!
Matthäus 6,22–23

Macht Ernst damit! Ihr wisst doch, was die Stunde geschlagen
hat. Es ist Zeit für euch, aus dem Schlaf aufzuwachen!
Römer 13,11

≈

Viel zu teuer«, sagt der Käufer; doch wenn er weggeht, reibt er
sich die Hände.
Sprichwörter 20,14

≈

Bei allem, was du tust, verlass dich auf dein eigenes Gewissen;
auch das gehört zum Befolgen der Gebote.
Sirach 32,23

≈

Verschwende deinen guten Rat nicht an oberflächliche Menschen, die ihn doch nicht zu schätzen wissen.
Sprichwörter 23,9

≈

Schäm dich nicht,
dich zum Gesetz des Höchsten und zum Bund mit ihm
    zu bekennen,
dich an das Recht zu halten, weil du sonst einen Schuldigen
    freisprechen könntest,
mit einem Geschäftspartner oder
    Reisegefährten die Kosten abzurechnen,
mit anderen ein Erbe zu teilen,
genaue Gewichte und Maße zu benutzen,
großen oder kleinen Besitz zu erwerben,
beim Kaufen oder Verkaufen über den Preis zu verhandeln,
deine Kinder mit Strenge zu erziehen.
Sirach 42,2–5

≈

Wer Unheil stiftet, wird davon überfallen und ahnt nicht, woher
es kommt.
Sirach 27,27

❧

Wenn dich die Lust ankommt, dich selbst zu loben, ob zu Recht
oder zu Unrecht, dann halte dir lieber den Mund zu!
Sprichwörter 30,32

❧

Wenn du einen Streit mit deinem Nachbarn hast, dann berufe
dich nicht auf das, was ein anderer im Vertrauen gesagt hat.
Sprichwörter 25,9

❧

Frage nicht: »Warum war früher alles besser?« Damit verrätst du
nur, dass du das Leben noch nicht kennst.
Kohelet 7,10

❧

Niemand flickt ein altes Kleid mit einem neuen Stück Stoff,
sonst reißt das neue Stück wieder aus und macht das Loch nur
noch größer. Auch füllt niemand neuen Wein, der noch gärt, in
alte Schläuche; sonst platzen die Schläuche, der Wein fließt aus,
und auch die Schläuche sind hin. Nein, neuer Wein gehört in
neue Schläuche! Dann bleibt beides erhalten.
Matthäus 9,16–17

❧

Der Mensch müht sich ständig ab, um sich satt essen zu können.
Was hilft's, er wird doch immer wieder hungrig! Darin geht es
dem Gebildeten nicht besser als dem Unwissenden.
Kohelet 6, 7–8

❧

Hütet euch vor den falschen Propheten! Sie sehen zwar aus wie Schafe, die zur Herde gehören, in Wirklichkeit sind sie Wölfe, die auf Raub aus sind. Ihr erkennt sie an dem, was sie tun.

Matthäus 7,15–16

~

Hinter dem Lachen kann sich Traurigkeit verbergen; und wenn die Freude vorüber ist, ist der Schmerz noch da.

Sprichwörter 14,13

~

Wenn es Zeit ist zu gehen, musst du nicht der Letzte sein!

Sirach 32,11

~

Zu Hause kannst du dich nach Herzenslust vergnügen; aber versündige dich nicht mit lästerlichen Reden!

Sirach 32,12

~

Der Stein, den die Bauleute weggeworfen haben, krönt nun den ganzen Bau.

Psalm 118,22

~

Noch ein Wort der Warnung an den Leser: Es werden viel zu viele Bücher geschrieben, und das viele Grübeln kann einen bis zur Erschöpfung ermüden.

Kohelet 12,12

~

Fassen wir alles zusammen, so kommen wir zu dem Ergebnis: Nimm Gott ernst und befolge seine Gebote. Das ist alles, worauf es für den Menschen ankommt.

Kohelet 12,13

Anmerkungen zu den Büchern der Bibel

Die Bibel ist eine Sammlung von 66 Büchern, die in einem Zeitraum von zirka 1100 Jahren von unterschiedlichen Autoren geschrieben wurden. 39 Bücher gehören zum *Alten Testament* und 27 zum *Neuen Testament*. Erst im vierten Jahrhundert n. Chr. wurden alle Bücher im Biblischen Kanon zusammengeführt. Die Schriften des *Alten Testaments* sind im ersten Jahrtausend v. Chr. entstanden, die des *Neuen Testaments* im ersten Jahrhundert n. Chr.

DAS ALTE TESTAMENT

Die Geschichtsbücher
Für die Juden bilden die fünf Bücher Mose – *Genesis, Exodus, Levitikus, Numeri* und *Deuteronomium* – eine Einheit, die sie Thora (Gesetz) nennen. Sie enthalten das Gesetz, das Mose auf dem Berg Sinai von Gott empfangen hat und das die Grundlage für den Bund zwischen Gott und dem israelischen Volk bildet. Darüber hinaus umfassen sie Schriften, in denen die Entstehung und die geschichtliche Entwicklung des alten Israel dargestellt ist. Die Bücher sind nach Mose benannt, der als Befreier und Gesetzgeber des Volkes die zentrale Person ist. Sie beginnen mit der Erschaffung der Welt und des Menschen, erzählen die Vätergeschichten von Abraham, Isaak und Jakob, berichten vom Auszug

des israelischen Volkes aus Ägypten und schließlich von der Wüstenwanderung und der Hoffnung, das gelobte Land zu finden.

Das *Buch Josua* und das *Buch von den Richtern* erzählen von der vorstaatlichen Zeit Israels. Josua, der Nachfolger Mose, und die Rettergestalten, die so genannten Richter, bestimmen diese.

Die »Samuel- und Königsbücher« sowie die »Chronikbücher« beschreiben die Entstehung des israelitischen Königtums und die Entwicklung Israels zu einem selbstständigen Staatswesen unter David und Salomo.

Das *Buch Esra* und das *Buch Nehemia* schildern den Wiederaufbau des zerstörten Jerusalems und die Neugründung eines jüdischen Gemeinwesens mit Zustimmung der persischen Zentralregierung, die zu dieser Zeit die politische Macht über das jüdische Volk innehatte.

Die Lehrbücher

Im *Buch Kohelet* philosophiert ein unbekannter Verfasser über die vielen Widersprüche, den Sinn und Unsinn des kurzen und scheinbar bedeutungslosen menschlichen Lebens. Was zunächst pessimistisch klingt, soll als Chance zu einem erfüllten Leben verstanden werden. Die Voraussetzung dafür ist, dass der Mensch seine eigene Begrenztheit akzeptiert. Der Verfasser kommt schließlich zu dem Ergebnis, dass es den Menschen unmöglich ist, den Sinn hinter den Dingen zu erkennen – im Gegensatz zu Gott, der den Sinn aller Dinge kennt.

Das Leid steht im Mittelpunkt des *Buches Ijob* (Hiob). Ijob muss viele Schicksalsschläge ertragen und fragt sich, warum Gott unschuldigen Menschen immer wieder Leid zufügt. Antworten erhält er durch die Offenbarung der Wunder in Gottes Schöpfung. Sie zeigen Ijob, dass Gott grundsätzlich aus Weisheit heraus handelt – auch wenn sein Handeln für den Menschen nicht immer nachvollziehbar ist.

Im *Hohelied* sind Liebes- und Hochzeitslieder gesammelt. Die

Psalmen beinhalten Lieder und Gebete, die überwiegend im Gottesdienst Israels gesungen oder gesprochen wurden.

Die *Sprichwörter* – auch als *Sprüche Salomons* bekannt – enthalten Weisheitssprüche, die innerhalb eines Zeitraums von fünf Jahrhunderten entstanden sind. Sie gelten als wichtige Lehrschrift, die zum Teil unbekannten Herausgebern zugeordnet wird. Spätere Traditionen vermuten König Salomon als Verfasser der Kapitel 10 bis 22, da er für seine große Weisheit berühmt war.

Auch das *Buch Jesus Sirach* soll den Lesern mit Sprichwörtern und kurzen Darstellungen alltäglicher Begebenheiten zu mehr Weisheit verhelfen. Als Verfasser gilt ein »Jesus, der Sohn Eleasars, des Sohnes Sirachs«, ein Schriftgelehrter und Weisheitsforscher seiner Zeit. Seine Sammlung von Regeln für richtiges Verhalten und von Warnungen vor Fehlverhalten richtete sich vor allem an junge Menschen. *Sirach* gehört zu den so genannten Apokryphen, einer Reihe von Schriften, die in der griechischen und lateinischen Übersetzung der Bibel vorkommen, jedoch in der Sammlung der hebräischen Schriften des *Alten Testaments* nicht enthalten sind. Sie werden daher von den (reformierten) evangelischen Kirchen nicht als biblisch im Vollsinn anerkannt.

Das *Buch der Weisheit* gilt als das jüngste Buch des *Alten Testaments*. Es wurde von einem hellenistisch gebildeten, gesetzestreuen und offenbar im ägyptischen Alexandrien ansässigen Juden verfasst. Er möchte die Leser in ihrem Glauben und ihrer Hoffnung stärken und empfiehlt die Weisheit als »Gefährtin«. Daneben ist ihm die Unsterblichkeit der Seele ein zentrales Anliegen. Im Sinne seiner Vorgänger und deren Tradition bedient er sich überlieferter Weisheitsgrundsätze und wendet sich gleichermaßen an verfolgte Juden wie an deren Verfolger.

Die Prophetenbücher

Als »große Propheten« werden die Bücher *Jesaja, Jeremia* und *Ezechiel* (Hesekiel) bezeichnet, unter den »kleinen Propheten« versteht man die zwölf Prophetenbücher von *Hosea* bis *Maleachi*.

Die Propheten waren Mahner und Kritiker ihrer Zeit, die durch göttliche Eingebung oder Visionen Botschaften erhielten und den Auftrag hatten, diese zu verkünden. Ihre Bücher weisen auf die Versäumnisse des Volkes in Bezug auf Gottes Willen hin, fordern zur Umkehr auf und drohen mit Gericht und Bestrafung. Aber sie kündigen auch das künftige Heil an: eine neue Ordnung, einen neuen Bund von Gott und Menschen, mit der Zusage, dass Gott sich um die Menschen kümmern und Frieden schaffen wird.

DAS NEUE TESTAMENT

Die vier Evangelien

Die Evangelien erzählen aus unterschiedlichen Perspektiven vom Leben und Wirken Jesu. Für Markus steht das Leiden und Sterben Jesu im Zentrum. Ihm zufolge spricht und handelt Gott durch Jesus von Nazareth. Jesus ist der verheißene Messias, was aber erst nach seinem Tod deutlich wird. Bei Matthäus ist die zentrale Botschaft, dass sich in Jesus die Verheißungen der Propheten des *Alten Testaments* erfüllt haben, während Lukas die Ereignisse um Jesus am genauesten wiedergibt und Jesus als Helfer von Kranken, Verzweifelten und Verlorenen darstellt. Bei Johannes erfüllt Jesus als menschgewordenes Wort Gottes die Sehnsucht der gesamten Menschheit.

Ebenfalls zu den Geschichtsbüchern des *Neuen Testaments* zählt die *Apostelgeschichte*. Sie berichtet von den ersten christlichen Gemeinden, den Anfängen der Kirche und der erfolgreichen Verbreitung der »Guten Nachricht« in die gesamte damals bekannte Welt. Im ersten Teil der *Apostelgeschichte* geht es vor allem um den Kreis der Apostel um Petrus. Die Bekehrung sowie die Missionsreisen von Paulus stehen im Mittelpunkt des zweiten Teils.

Die Briefe des Apostels Paulus
Die *Briefe* waren an Gemeinden oder Einzelpersonen gerichtet und gelten im *Neuen Testament* als Lehrbücher. Die Briefe des Apostels Paulus und seiner Schüler erläutern den Glauben an Jesus Christus und dessen Wirkung. Sie nehmen Stellung zu Fragen und Situationen, mit denen sich Christen im täglichen Leben auseinander setzen mussten. Sie beschäftigen sich darüber hinaus mit Nebenströmungen, die die urchristliche Mission gefährdeten.

Die »Katholischen Briefe«
Die Briefe von Petrus, Johannes, Jakobus und Judas richten sich an die ganze Kirche (»katholisch«, griechisch *allgemein*). Wie die Paulinischen Briefe behandeln auch sie vor allem die Themenbereiche rund um den wahren Glauben, die Abwehr falscher Lehren und die Gestaltung des christlichen Lebens in Gemeinde, Familie, Berufswelt und Gesellschaft.

Die Offenbarung an Johannes
Wahrscheinlich wurde die *Offenbarung an Johannes* am Ende des ersten Jahrhunderts für die vom römischen Staat verfolgte Kirche in Kleinasien geschrieben. Mit vielen Visionen und Bildern ermutigt, ermahnt und tröstet der Verfasser in den »sieben Sendschreiben« (den »Büchern mit sieben Siegeln«) die durch staatliche Gewalt unterdrückten Gemeinden und sichert ihnen den Sieg Gottes zu.

Quellenangaben

Die Zitate in diesem Buch sind den folgenden beiden Bibelausgaben entnommen:

Die Bibel in heutigem Deutsch. Die gute Nachricht des Alten und Neuen Testaments. Deutsche Bibelgesellschaft, Stuttgart 1982.

Die Bibel. Oder die ganze Heilige Schrift des Alten und Neuen Testaments. Nach der Übersetzung von Martin Luther. Deutsche Bibelgesellschaft, Stuttgart 1985.

Der größte Teil der Zitate stammt aus der *Bibel in heutigem Deutsch*, einer Übersetzung aus der Ursprache in ein modernes, verständliches Deutsch. Bei besonders poetischen und bekannten Stellen wurde die Übersetzung nach Martin Luther verwendet. In diesen Fällen ist der Quellenangabe jeweils die Angabe »(Luth)« beigefügt.